Quiche – einfach eine runde Sache

Die Quiche kommt aus Frankreich – und das merkt man ihr auch an. Denn diese pikanten Torten aus knusprigem Teig mit saftigen Belägen aus Gemüse, Fisch oder Fleisch, gebunden mit Eiern und viel Käse, schmecken vorzüglich. Sie sind leicht zuzubereiten und ein ideales Essen für Gäste. Ob Sie sich für kleine Quiches als Vorspeise oder für eine große als sättigendes Hauptgericht entscheiden – auf den folgenden Seiten finden Sie für jeden Anlaß und Geschmack genau das richtige.

Die Farbfotos gestalteten
Odette Teubner
und Dorothee Gödert.

INHALT

Die salzigen Torten

Quiches schmecken bei vielen Gelegenheiten: beim ausgiebigen Brunch, als kleiner Imbiß zwischendurch, als Vorspeise und als Hauptgericht, bei der gemütlichen Weinrunde oder – kalt – beim Picknick. Die salzigen Kuchen gibt es in unzähligen Variationen, eines haben aber alle gemeinsam: Sie sind einfach zuzubereiten. Damit Ihnen die Arbeit noch leichter von der Hand geht, ist hier zusammengefaßt, was Sie über Quiches wissen sollten.

Der richtige Teig

Der klassische Quicheteig ist der Mürbeteig, der entweder aus Mehl, Butter und Eiern zubereitet wird oder aus Mehl, Butter und Wasser. Er enthält ziemlich viel Fett und sollte deshalb mit einem eher leichten Belag kombiniert werden.
Damit der Teig beim Backen besonders zart und knusprig wird, muß er vorher eine Zeitlang kühl stehen. Am einfachsten ist es für Sie, wenn Sie den Teig gleich nach dem Kneten in die Backform drücken und ihn in der Form für etwa 1 Stunde in den Kühlschrank stellen.
Wenn Sie einen sehr saftigen Belag vorgesehen haben, sollten Sie den Mürbeteig etwa 10 Minuten lang vor- beziehungsweise blindbacken.
Damit der Teig dabei nicht zu sehr aufgeht, belegen Sie ihn mit einem auf die Form zugeschnittenen Pergamentpapier, auf das Sie eine Lage getrockneter Hülsenfrüchte geben: Erbsen, Linsen oder Bohnen. Nach dem Backen brauchen Sie die Hülsenfrüchte nicht wegzuwerfen. Sobald sie abgekühlt sind, können Sie sie in ein Schraubglas füllen, um sie bei nächster Gelegenheit wieder zum Blindbacken zu verwenden.
Strudelteig wird aus Mehl, Wasser, Öl und Eigelb zubereitet. Vor dem Backen sollte er bei Zimmertemperatur zugedeckt etwa 30 Minuten ruhen. Er ist nicht so gehaltvoll wie Mürbeteig und weicht auch nicht so leicht durch, muß also für einen saftigen Belag nicht vorgebacken werden.
Nudelteig wird beim Backen ganz besonders knusprig. Er besteht aus Mehl, Wasser und Eiern, enthält somit wenig Fett und eignet sich für jede Art von Belag.
Hefeteig wird aus Mehl, Hefe, Wasser, Zucker und Salz hergestellt und vor allem für die Quiches verwendet, die auf dem Backblech gebacken werden.
Tiefgefrorene Teige können Sie in jedem Supermarkt kaufen. Hefe- und Blätterteig werden in Platten angeboten, die im allgemeinen vor der Verarbeitung etwa 15 Minuten auftauen müssen. Die genaue Gebrauchsanleitung steht jeweils

Eine Quiche können Sie in jeder feuerfesten Form backen. Für welche Sie sich entscheiden, hängt auch von der Art des Teigs ab.

auf der Verpackung. Benötigen Sie nur einen Teil der Teigplatten, geben Sie die restlichen unaufgetaut in die Packung zurück, die Sie am besten mit Klebeband verschließen. Auf diese Weise können Sie den Teig unbedenklich im Gefrierfach lagern – nur das Verfallsdatum müssen Sie beachten.

Die passende Form

Zum Backen von Quiches eignet sich jede Form, nur feuerfest muß sie sein. Praktisch sind die Springformen, die es im Durchmesser von 22, 26 und 28 Zentimeter gibt. Besonders hübsch sind die Tarteformen aus Glas oder Porzellan mit dem gewellten Rand, in denen Sie die Quiche direkt aus dem Ofen auf den Tisch bringen können. Für die kleinen Quiches, die zum Beispiel als Vorspeise serviert werden sollen, können Sie Obstkuchenförmchen aus Blech verwenden. In derselben Größe gibt es auch Porzellanförmchen mit glattem Rand. Sie eignen sich besonders gut für Blätterteigquiches, die sich aus diesen Förmchen leichter lösen lassen als aus Formen aus anderem Material. Die meisten Rezepte in diesem Buch sind für Formen von 28 Zentimeter Durchmesser berechnet. Sie können die Quiches aber auch in 26-Zentimeter-Formen backen. Der Teig wird dann etwas dicker, der Belag höher, und die Backzeit verlängert sich um etwa 5 Minuten.

Fett für die Form?

Nicht für jeden Teig müssen Sie die Backform fetten. So enthält Mürbeteig so viel Butter, daß sich das Fetten der Form erübrigt. Das gleiche gilt für Blätterteig. Damit der Blätterteig schön aufgeht und sich nach dem Backen leicht aus der Form lösen läßt, spülen Sie die Form mit sehr kaltem Wasser aus und trocknen sie anschließend nicht ab, sondern geben den Teig in die noch feuchte Form. Für Strudel-, Nudel- und Hefeteig streichen Sie die Form jeweils mit einem geschmacksneutralen Öl aus.

Tips – Tips – Tips!

Alle Teige lassen sich sowohl mit weißem Mehl wie auch mit Vollkornmehl herstellen, die Zubereitung bleibt gleich. Sie müssen Teigen aus Vollkornmehl nur etwas mehr Wasser zugeben.
Bei der Wahl des Käses brauchen Sie sich nicht unbedingt an die angegebene Sorte zu halten. So schmeckt statt Emmentaler oder Bergkäse auch einmal ein besonders würziger Greyerzer oder Appenzeller. Vielleicht bevorzugen Sie aber eher eine milde Sorte wie jungen oder mittelalten Gouda beziehungsweise Bel Paese. Auch bei Blauschimmelkäse können Sie sich nach Ihren Vorlieben und dem Angebot des Händlers richten. Nur Mozzarella und Schafkäse sollten nicht durch andere Käsesorten ersetzt werden.
Die meisten Käsesorten enthalten ziemlich viel Salz. Dosieren Sie deshalb das Salz für den Belag sehr vorsichtig, um zu vermeiden, daß die Quiche zu salzig wird.
Damit beim Anschneiden der Quiche möglichst wenig Saft ausläuft, sollten Sie sie nach dem Backen 5–10 Minuten ruhen lassen.
Bei den meisten Quiches finden Sie die Angabe, daß die Menge für 4–6 Personen berechnet ist. Wenn Sie außer der Quiche noch eine Vor- und Nachspeise servieren, wird sie für sechs Leute reichen. Als einziger Gang serviert, wird die Quiche von vier Personen sicher aufgegessen.

Spargelquiche

Zutaten für 4 Personen:
3 Platten tiefgefrorener Blätterteig
700 g Spargelspitzen
Salz
1 Prise Zucker
80 g Hartkäse (zum Beispiel Fontina oder Bergkäse)
150 g Crème fraîche
1 Döschen gemahlener Safran
weißer Pfeffer, frisch gemahlen
Für die Arbeitsfläche: Mehl

Raffiniert

Pro Portion etwa:
1900 kJ/450 kcal
12 g Eiweiß · 36 g Fett
23 g Kohlenhydrate

- Zubereitungszeit: etwa 1 1/4 Stunden

1. Die Blätterteigplatten nebeneinanderlegen und bei Zimmertemperatur in etwa 15 Minuten auftauen lassen.

2. Die Spargelspitzen waschen, von den Enden befreien und eventuell dünn schälen.

3. In einem Topf reichlich Wasser mit Salz und dem Zucker zum Kochen bringen. Die Spargelspitzen darin etwa 3 Minuten blanchieren, in ein Sieb schütten und abtropfen lassen.

4. Den Käse fein reiben und mit der Crème fraîche, dem Safran und Pfeffer verrühren. Die Creme mit wenig Salz abschmecken.

5. Den Backofen auf 180° vorheizen. Die Blätterteigplatten aufeinanderlegen und auf wenig Mehl leicht ausrollen. Eine feuerfeste Form von 28 cm Durchmesser kalt ausspülen, aber nicht abtrocknen. Die feuchte Form mit dem Teig auskleiden. Dazu überstehende Teigstücke abschneiden und die freien Flächen damit bedecken. Die Teigkanten zusammendrücken. Den Spargel auf dem Teig verteilen und mit der Safrancreme bedecken.

6. Die Quiche im Backofen (unten, Gas Stufe 2) in etwa 40 Minuten backen, bis der Teig gebräunt ist.

Morchelquiche

Zutaten für 4 Personen:
15 g getrocknete Spitzmorcheln
3 Platten tiefgefrorener Blätterteig
60 g Bergkäse
1 großes Bund Petersilie
1 Knoblauchzehe
75 g Crème fraîche
weißer Pfeffer, frisch gemahlen
Salz
Für die Arbeitsfläche: Mehl

Gelingt leicht

Pro Portion etwa:
1200 kJ/290 kcal
8 g Eiweiß · 19 g Fett
19 g Kohlenhydrate

- Quellzeit: 2 Stunden
- Zubereitungszeit: etwa 50 Minuten

1. Die Morcheln in eine Schüssel geben, mit lauwarmem Wasser begießen und etwa 2 Stunden quellen lassen.

2. Die Blätterteigplatten nebeneinanderlegen und in etwa 15 Minuten auftauen lassen.

3. Die Morcheln in einem Sieb abtropfen lassen, dabei das Einweichwasser auffangen. Die Morcheln waschen und fein hacken. Das Einweichwasser durch eine Filtertüte gießen. Den Käse reiben.

4. Die Petersilie waschen, trockenschwenken und hacken. Den Knoblauch schälen und durch die Presse in eine Schüssel drücken. Die Petersilie, den Käse, die Morcheln, die Crème fraîche und 1–2 Eßlöffel Pilzwasser dazugeben. Alles gründlich verrühren und mit reichlich Pfeffer und etwas Salz abschmecken.

5. Den Backofen auf 180° vorheizen. Die Blätterteigplatten aufeinanderlegen und auf wenig Mehl ausrollen. Eine feuerfeste Form von 28 cm Durchmesser kalt ausspülen, aber nicht abtrocknen. Die feuchte Form mit dem Teig auskleiden. Dazu überstehende Teigstücke abschneiden und die freien Flächen damit bedecken. Die Teigkanten zusammendrücken. Die Morchelcreme auf dem Teig verteilen.

6. Die Quiche im Ofen (unten, Gas Stufe 2) in etwa 30 Minuten backen.

Im Bild vorne: Morchelquiche
Im Bild hinten: Spargelquiche

Spinattörtchen

Statt mit Spinat schmecken die Törtchen auch mit Mangold sehr gut. Verwenden Sie dann aber nur die Blätter.

Zutaten für 6 Personen:
100 g Butter
200 g Mehl
Salz
500 g Spinat
2 Knoblauchzehen
1 Eßl. Zitronensaft
weißer Pfeffer, frisch gemahlen
125 g Mozzarella

Raffiniert

Pro Portion etwa:
1300 kJ/310 kcal
9 g Eiweiß · 18 g Fett
27 g Kohlenhydrate

- Zubereitungszeit: etwa 1 1/2 Stunden

1. Die Butter in kleine Stücke schneiden und mit dem Mehl, 1 kräftigen Prise Salz und etwa 3 Eßlöffeln kaltem Wasser zu einem glatten Teig verkneten.

2. Mit dem Teig sechs Torteletttörmchen auskleiden. Den Teig in den Förmchen etwa 1 Stunde kühl stellen.

3. Inzwischen den Spinat verlesen und von den groben Stielen befreien. Mehrmals in stehendem kaltem Wasser gründlich waschen. In einem großen Topf reichlich Wasser zum Kochen bringen und salzen. Den Spinat darin etwa 1 Minute blanchieren, bis er zusammengefallen ist. Dann in ein Sieb schütten, kalt abschrecken und gut abtropfen lassen.

4. Den Backofen auf 220° vorheizen. Die Knoblauchzehen schälen und durch die Presse auf den Spinat drücken. Den Zitronensaft hinzufügen und alles gut vermischen. Den Spinat mit Salz und Pfeffer abschmecken und auf den Teigtörtchen verteilen. Den Mozzarella abtropfen lassen, in Scheiben schneiden und ebenfalls auf den Törtchen verteilen.

5. Die Törtchen im Backofen (Mitte, Gas Stufe 4) in etwa 20 Minuten backen, bis der Teig knusprig und der Käse zerlaufen ist.

Käsetörtchen

Zutaten für 6 Personen:
100 g Butter
200 g Mehl
Salz
1 Bund Petersilie
3 Eier
weißer Pfeffer, frisch gemahlen
1 kräftige Prise Cayennepfeffer
250 g Bergkäse, frisch gerieben
150 g Sahne
2 Eßl. Speisestärke
2 Eßl. Mohnsamen

Für Ungeübte

Pro Portion etwa:
2300 kJ/550 kcal
19 g Eiweiß · 39 g Fett
30 g Kohlenhydrate

- Zubereitungszeit: etwa 1 1/2 Stunden

1. Die Butter in kleine Stücke schneiden und mit dem Mehl, 1 Prise Salz und etwa 3 Eßlöffeln kaltem Wasser zu einem glatten Teig verkneten.

2. Mit dem Teig sechs Tortelettförmchen auskleiden. Den Teig in den Förmchen etwa 1 Stunde kühl stellen.

3. Die Petersilie waschen, trockenschwenken und ohne die groben Stiele fein hacken. Die Eier trennen. Die Eigelbe mit Pfeffer, dem Cayennepfeffer, dem Käse, der Sahne und der Petersilie verrühren.

4. Den Backofen auf 220° vorheizen. Die Eiweiße mit 1 Prise Salz steif schlagen und auf die Käsecreme geben. Die Speisestärke darüber stäuben. Alles mit einem Schneebesen locker mischen.

5. Die Käsecreme auf den Teigtörtchen verteilen, mit den Mohnsamen bestreuen und im Backofen (Mitte, Gas Stufe 4) in etwa 25 Minuten backen, bis der Teig gebräunt und der Belag gestockt ist.

Im Bild vorne: Käsetörtchen
Im Bild hinten: Spinattörtchen

Garnelen-Gurken-Quiches

Zutaten für 4 Personen:
2 Platten tiefgefrorener Blätterteig
300 g rohe Garnelen
1 Eiweiß
3 Eßl. kalte Sahne
1 Stück Salatgurke (etwa 100 g)
Salz
weißer Pfeffer, frisch gemahlen
1–2 Eßl. Zitronensaft
einige Dillzweige zum Garnieren

Für Gäste

Pro Portion etwa:
930 kJ/220 kcal
14 g Eiweiß · 13 g Fett
13 g Kohlenhydrate

- Zubereitungszeit: etwa 50 Minuten

Varianten:
Statt Garnelen können Sie auch Fischfilet, zum Beispiel Seeteufel, Kabeljau oder Lachs, nehmen. Und wem Gurken zu neutral schmecken, der nimmt 1 Bund gemischte Kräuter oder 1 Tomate.

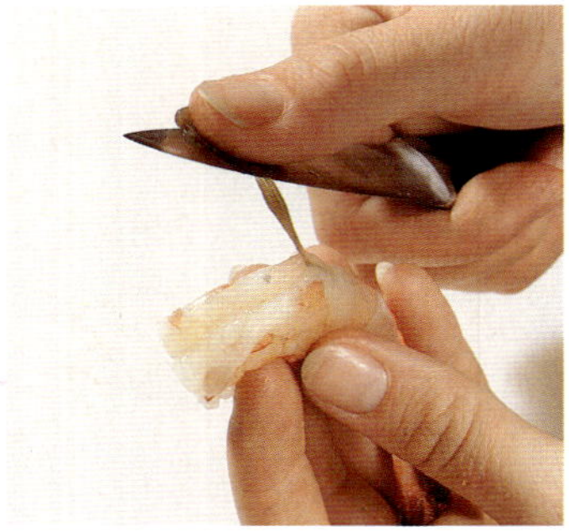

1. Die Blätterteigplatten nebeneinanderlegen und in etwa 15 Minuten auftauen lassen. Das Garnelenfleisch aus den Schalen lösen, vom dunklen fadenförmigen Darm befreien, waschen und in kleine Würfel schneiden.

2. Die Garnelenwürfel mit dem Eiweiß im Mixer pürieren. Die Sahne eßlöffelweise unterrühren. Die Gurke schälen, von den Kernen befreien und klein würfeln.

3. Den Backofen auf 180° vorheizen. Die Garnelencreme mit den Gurken mischen und mit Salz, Pfeffer und dem Zitronensaft abschmecken. Vier feuerfeste Förmchen mit glattem Rand kalt ausspülen, aber nicht abtrocknen. Die Blätterteigplatten jeweils halbieren und die feuchten Förmchen damit auskleiden.

4. Die Garnelenmasse auf dem Blätterteig verstreichen. Die Quiches auf ein Backblech stellen und im Backofen (unten, Gas Stufe 2) in etwa 25 Minuten backen, bis der Teig gebräunt ist. Mit Dill garnieren.

Peperoni-törtchen

Zutaten für 4 Personen:
75 g Butter
150 g Mehl
Salz
1 mittelgroße Tomate
3–4 milde Peperoncini aus dem Glas
150 g Frischkäse
1/2 Teel. getrocknete Kräuter der Provence
1 Ei
Zum Blindbacken: Pergamentpapier und Hülsenfrüchte

Preiswert

Pro Portion etwa:
1600 kJ/380 kcal
8 g Eiweiß · 23 g Fett
34 g Kohlenhydrate

- Zubereitungszeit: etwa 1 3/4 Stunden

Tip!

Frischkäse ist je nach Sorte bereits gesalzen. Dosieren Sie das Salz für den Belag entsprechend vorsichtig.

1. Die Butter in kleine Stücke schneiden und mit dem Mehl, 1 kräftigen Prise Salz und 1–2 Eßlöffeln kaltem Wasser zu einem glatten Teig verkneten. Mit dem Teig vier Tortelettförmchen auskleiden. Den Teig in den Förmchen etwa 1 Stunde kühl stellen.

2. Die Tomate mit kochendem Wasser überbrühen, kalt abschrecken, häuten und fein würfeln, dabei den Stielansatz entfernen. Die Peperoncini von den Stielen befreien und in feine Streifen schneiden. Den Frischkäse mit der Tomate, der Peperoncini, den Kräutern und dem Ei verrühren. Vorsichtig mit Salz abschmecken.

3. Den Backofen auf 200° vorheizen. Aus Pergamentpapier Kreise in Größe der Förmchen schneiden. Den Teig mit dem Pergamentpapier belegen und eine Schicht Hülsenfrüchte daraufgeben. Die Törtchen im Backofen (Mitte, Gas Stufe 3) in etwa 10 Minuten blindbacken.

4. Das Papier mit den Hülsenfrüchten entfernen. Die Frischkäsecreme gleichmäßig auf den Törtchen verteilen. Die Törtchen noch 15–20 Minuten backen, bis der Belag fest und leicht gebräunt ist. Die Törtchen etwas abkühlen lassen, aus den Förmchen lösen und servieren.

Kleine Olivenquiches

Noch würziger werden diese Quiches, wenn Sie statt dem relativ milden Mozarella eine pikantere Käsesorte, zum Beispiel Fontina, nehmen.

Zutaten für 4 Personen:
2 Platten tiefgefrorener Hefeteig
100 g schwarze Oliven, entsteint
2 Sardellenfilets (nach Belieben)
1 milder Peperoncino aus dem Glas
1 Knoblauchzehe
150 g Mozzarella
Salz
weißer Pfeffer, frisch gemahlen
1 Eßl. Pinienkerne
Für die Förmchen: Öl

Raffiniert

Pro Portion etwa:
1700 kJ/400 kcal
15 g Eiweiß · 21 g Fett
38 g Kohlenhydrate

- Zubereitungszeit: etwa 50 Minuten

1. Die Hefeteigplatten nebeneinanderlegen und in etwa 15 Minuten auftauen lassen.

2. Inzwischen die Oliven in Scheiben schneiden. Die Sardellenfilets kalt abspülen und in kleine Stücke schneiden. Den Peperoncino vom Stiel befreien und in feine Streifen schneiden. Den Knoblauch schälen und fein hacken. Den Mozzarella abtropfen lassen und in kleine Würfel schneiden.

3. Den Käse mit dem Knoblauch, dem Peperoncino, eventuell den Sardellen und den Oliven mischen und mit Salz und Pfeffer abschmecken.

4. Den Backofen auf 220° vorheizen. Vier feuerfeste Förmchen mit Öl ausstreichen. Den Hefeteig jeweils halbieren und die Förmchen damit auskleiden. Die Käsemasse darauf verteilen und mit den Pinienkernen bestreuen.

5. Die Törtchen im Backofen (Mitte, Gas Stufe 4) in etwa 20 Minuten backen, bis der Belag gebräunt ist.

Kleine Kohlrabiquiches

Zutaten für 4 Personen:
2 Platten tiefgefrorener Blätterteig
1 Kohlrabi (etwa 250 g)
1 Eßl. Zitronensaft
50 g Hartkäse
4 Eßl. Sahne
1 Ei
1/2 Teel. scharfer Senf
Salz
weißer Pfeffer, frisch gemahlen
1/2 Bund Schnittlauch

Schnell

Pro Portion etwa:
1100 kJ/260 kcal
8 g Eiweiß · 18 g Fett
15 g Kohlenhydrate

- Zubereitungszeit: etwa 50 Minuten

1. Die Blätterteigplatten nebeneinanderlegen und in etwa 15 Minuten auftauen lassen.

2. Inzwischen den Kohlrabi schälen und nicht zu fein raspeln. Mit dem Zitronensaft mischen. Den Käse fein reiben und mit der Sahne und dem Ei untermischen. Die Masse mit dem Senf, Salz und Pfeffer abschmecken.

3. Den Backofen auf 180° vorheizen. Vier feuerfeste Förmchen mit glattem Rand kalt ausspülen, aber nicht abtrocknen. Die Blätterteigplatten jeweils halbieren und die feuchten Förmchen damit auskleiden. Die Kohlrabimasse auf dem Teig verteilen.

4. Die Törtchen auf ein Backblech stellen und im Backofen (unten, Gas Stufe 2) in etwa 30 Minuten backen, bis der Belag gebräunt ist. Den Schnittlauch waschen, klein schneiden und auf die fertigen Quiches streuen.

Bild oben: Kleine Olivenquiches
Bild unten: Kleine Kohlrabiquiches

Blumenkohl-quiche mit Speck

Die Menge des Meerrettichs in der Creme richtet sich danach, ob Sie ihn frisch reiben oder aus dem Glas nehmen. Schmecken Sie in jedem Fall die Creme pikant ab, denn beim Backen verfliegt ein Teil der Schärfe.

Zutaten für 4–6 Personen:
125 g weiche Butter
250 g Mehl
Salz
1 Blumenkohl (etwa 800 g)
200 g durchwachsener Räucherspeck
1 Bund Petersilie
100 g Quark
150 g Sahne
1–2 Eßl. Meerrettich, frisch gerieben oder aus dem Glas
3 Eier
schwarzer Pfeffer, frisch gemahlen

Preiswert

Bei 6 Personen pro Portion etwa:
2700 kJ/640 kcal
13 g Eiweiß · 49 g Fett
37 g Kohlenhydrate

- Zubereitungszeit: etwa 2 Stunden

1. Die Butter in kleine Stücke schneiden und mit dem Mehl, 1 kräftigen Prise Salz und etwa 4 Eßlöffeln kaltem Wasser zu einem glatten Teig verkneten. Sollte er zu fest sein, noch etwas Wasser unterarbeiten. Ist er zu weich und bleibt an den Fingern kleben, noch etwas Mehl hinzufügen.

2. Mit dem Teig eine Springform von 28 cm Durchmesser auskleiden, dabei einen Rand von etwa 3 cm hochziehen. Den Teig in der Form etwa 1 Stunde kühl stellen.

3. Inzwischen den Blumenkohl putzen, waschen und in Röschen zerteilen. In einem großen Topf reichlich Wasser zum Kochen bringen und salzen. Die Blumenkohlröschen hineingeben, aufkochen lassen und 3–5 Minuten blanchieren. Dann in ein Sieb schütten, kalt abschrecken und gründlich abtropfen lassen.

4. Den Speck von Knorpeln und der Schwarte befreien, in kleine Würfel schneiden und in einer Pfanne bei mittlerer Hitze unter Rühren in etwa 10 Minuten glasig braten.

5. Die Petersilie waschen, trockenschwenken und ohne die groben Stiele sehr fein hacken. Mit dem Blumenkohl und dem Speck mischen.

6. Den Quark mit der Sahne, dem Meerrettich und den Eiern gründlich verrühren und mit Salz und Pfeffer abschmecken.

7. Den Backofen auf 200° vorheizen. Die Blumenkohlmischung auf dem Teigboden verteilen und mit der Quarkcreme bedecken.

8. Die Quiche im Backofen (Mitte, Gas Stufe 3) in etwa 50 Minuten backen, bis die Oberfläche gebräunt ist. Dazu schmeckt Tomatensalat.

Varianten:
Statt dem herzhaften Speck können Sie auch milden Kochschinken verwenden, der ebenfalls in kleine Würfel geschnitten, aber nicht angebraten wird.
Nehmen Sie statt dem Blumenkohl auch mal andere Gemüse. Sehr gut passen in Viertel geschnittener Rosenkohl, in Speck angebratene Lauchringe sowie geraspelter Kürbis.

Ein ebenso delikater wie sättigender Hauptgang ist diese pikante Blumenkohlquiche.

Hackfleisch-Joghurt-Kuchen

Zutaten für 4–6 Personen:
200 g Mehl
Salz
5 Eier
2 Eßl. Öl
500 g Rinderhackfleisch
3–4 Knoblauchzehen
2–3 Bund Petersilie (je nach Größe)
weißer Pfeffer, frisch gemahlen
Cayennepfeffer
500 g Joghurt
Für die Arbeitsfläche: Mehl
Für die Form: Öl

Preiswert

Bei 6 Personen pro Portion etwa:
1600 kJ/380 kcal
27 g Eiweiß · 19 g Fett
27 g Kohlenhydrate

- Zubereitungszeit: etwa 1 1/2 Stunden

1. Das Mehl mit 1 Prise Salz, 2 Eiern und 1 Eßlöffel Öl zu einem glatten Teig verkneten. Bei Zimmertemperatur etwa 30 Minuten ruhen lassen.

2. Das übrige Öl in einer Pfanne erhitzen. Das Hackfleisch darin bei starker Hitze unter Rühren krümelig braten.

3. Den Knoblauch schälen und fein hacken. Die Petersilie waschen, trockenschwenken und fein hacken. Mit dem Knoblauch unter das Fleisch mischen. Alles mit Salz, Pfeffer und Cayennepfeffer abschmecken.

4. Den Joghurt mit den restlichen Eiern verrühren. Den Backofen auf 180° vorheizen.

5. Den Teig durchkneten und auf wenig Mehl in Größe einer Form von 28 cm Durchmesser ausrollen. Die Form fetten und mit dem Teig auskleiden, dabei einen Rand von etwa 3 cm hochziehen.

6. Das Hackfleisch auf dem Teig verteilen und mit der Joghurtcreme begießen. Den Kuchen im Backofen (Mitte, Gas Stufe 2) in etwa 45 Minuten backen.

Speck-Kräuter-Quiche

Zutaten für 4–6 Personen:
125 g Butter
250 g Mehl
Salz
150 g durchwachsener Räucherspeck
150 g Zwiebeln
50 g gemischte frische Kräuter (zum Beispiel Petersilie, Majoran, Basilikum und Bohnenkraut)
100 g Emmentaler
125 g Sahne
4 Eier
weißer Pfeffer, frisch gemahlen

Gelingt leicht

Bei 6 Personen pro Portion etwa:
2400 kJ/570 kcal
11 g Eiweiß · 42 g Fett
35 g Kohlenhydrate

- Zubereitungszeit: etwa 1 3/4 Stunden

1. Die Butter in kleine Stücke schneiden und mit dem Mehl, 1 kräftigen Prise Salz und etwa 4 Eßlöffeln kaltem Wasser zu einem glatten Teig verkneten.

2. Mit dem Teig eine Form von 28 cm Durchmesser auskleiden, dabei einen Rand von etwa 2 cm hochziehen. Den Teig in der Form etwa 1 Stunde kühl stellen.

3. Den Speck von Knorpeln und der Schwarte befreien und in kleine Würfel schneiden. Die Zwiebeln schälen und fein hacken. Den Speck in einer Pfanne bei mittlerer Hitze glasig braten. Die Zwiebeln dazugeben und alles noch etwa 5 Minuten weiterbraten.

4. Die Kräuter waschen, trockenschwenken und ohne die groben Stiele hacken. Den Käse reiben.

5. Den Backofen auf 200° vorheizen. Den Speck und die Kräuter mischen und auf dem Teig verteilen. Den Käse mit der Sahne und den Eiern verrühren und mit reichlich Pfeffer würzen. Eventuell etwas Salz zugeben. Die Eiersahne über den Speck gießen.

6. Die Quiche im Backofen (Mitte, Gas Stufe 3) in etwa 40 Minuten backen.

Im Bild vorne: Speck-Kräuter-Quiche
Im Bild hinten: Hackfleisch-Joghurt-Kuchen

Artischocken-pie

Besonders delikat wird diese Pie mit Zutaten aus dem italienischen Feinkostgeschäft: Büffelmilch-Mozzarella, in Olivenöl eingelegten Artischockenherzen und Parmaschinken.

Zutaten für 4 Personen:
125 g Butter
250 g Mehl
Salz
300 g Artischockenherzen aus dem Glas
1 kleine gelbe Paprikaschote (etwa 100 g)
2 mittelgroße Tomaten
150 g milder roh geräucherter Schinken
250 g Mozzarella
etwa 20 frische Salbeiblätter
1 großes Stück unbehandelte Zitronenschale
schwarzer Pfeffer, frisch gemahlen
1 Eigelb
1 Eßl. Sahne
Für die Arbeitsfläche: Mehl

Für Gäste

Pro Portion etwa:
3300 kJ/790 kcal
26 g Eiweiß · 50 g Fett
59 g Kohlenhydrate

- Zubereitungszeit: etwa 2 1/2 Stunden

1. Die Butter in kleine Stücke schneiden und mit dem Mehl, 1 kräftigen Prise Salz und etwa 4 Eßlöffeln kaltem Wasser zu einem glatten Teig verkneten. Sollte er zu fest sein, noch etwas Wasser unterarbeiten. Ist er zu weich und bleibt an den Fingern kleben, noch etwas Mehl hinzufügen. Den Teig zu einer Kugel formen und zugedeckt etwa 1 Stunde kühl stellen.

2. Inzwischen die Artischockenherzen abtropfen lassen und der Länge nach vierteln. Die Paprikaschote halbieren, vom Stielansatz, den Kernen und den weißen Trennwänden befreien, waschen und in schmale Streifen schneiden. Die Tomaten mit kochendem Wasser überbrühen, kurz darin ziehen lassen, kalt abschrecken, häuten und in kleine Würfel schneiden, dabei die Stielansätze entfernen.

3. Den Schinken gegebenenfalls vom Fettrand befreien und in Streifen schneiden. Den Mozzarella abtropfen lassen und klein würfeln. Den Salbei waschen, trockentupfen und mit der Zitronenschale in feine Streifen schneiden.

4. Den Teig noch einmal kurz durchkneten. Mit zwei Dritteln des Teiges eine Form von 22 cm Durchmesser auskleiden. Dabei einen Rand von etwa 4 cm hochziehen und mit einem Messer begradigen. Den restlichen Teig auf der leicht bemehlten Arbeitsfläche in Größe der Form als Deckel ausrollen und in der Mitte mit einer Öffnung versehen.

5. Den Backofen auf 180° vorheizen. Die Artischocken auf dem Teigboden verteilen. Die Paprikastreifen, die Tomaten, den Schinken und den Käse vermischen und mit dem Salbei, der Zitronenschale, wenig Salz und Pfeffer würzen.

6. Die Mischung auf die Artischocken geben. Den Teigdeckel auf die Füllung legen und die Ränder gut zusammendrücken.

7. Die Pie im Backofen (Mitte, Gas Stufe 2) etwa 30 Minuten backen. Das Eigelb mit der Sahne verrühren und die Pie damit bestreichen. Noch etwa 30 Minuten backen, bis der Teig schön gebräunt ist.

Varianten:
Bereiten Sie die Pie statt mit Paprika auch einmal mit anderen Gemüsesorten zu. Besonders gut passen Blattspinat oder Mangold, den Sie in Streifen schneiden und in Salzwasser etwa 1 Minute blanchieren. Dann schrecken Sie ihn kalt ab, lassen ihn abtropfen und mischen ihn unter die Füllung.

Die Artischockenpie ist mit italienischen Spezialitäten gefüllt.

Nudelquiche

Zutaten für 4 Personen:
200 g Mehl
Salz
3 Eßl. Öl
1 Eigelb
200 g Penne
300 g Tomaten
3 Frühlingszwiebeln
1 Bund Majoran
200 g gekochter Schinken
100 g Crème fraîche
150 g Hartkäse, frisch gerieben
weißer Pfeffer, frisch gemahlen
Für die Form: Öl
Für die Arbeitsfläche: Mehl

Preiswert

Pro Portion etwa:
3300 kJ/790 kcal
33 g Eiweiß · 37 g Fett
79 g Kohlenhydrate

- Zubereitungszeit: etwa 1 1/2 Stunden

1. Das Mehl mit 1 Prise Salz, 100 ml lauwarmem Wasser, dem Öl und dem Eigelb zu einem Teig verkneten und etwa 30 Minuten bei Zimmertemperatur ruhen lassen.

2. Die Penne in kochendem Salzwasser etwa 6 Minuten garen, kalt abschrecken und abtropfen lassen. Die Tomaten häuten und würfeln. Die Frühlingszwiebeln putzen und mit dem zarten Grün in feine Ringe schneiden. Den Majoran waschen und fein hacken. Den Schinken klein würfeln. Alle diese Zutaten miteinander mischen.

3. Den Teig auf wenig Mehl in Größe einer Form von 28 cm Durchmesser ausrollen. Die Form fetten und mit dem Teig auskleiden, dabei einen Rand von etwa 3 cm hochziehen. Den Backofen auf 200° vorheizen.

4. Die Crème fraîche und den Käse unter die Nudelmischung heben, alles mit Salz und Pfeffer pikant abschmecken und auf dem Teig verteilen. Die Quiche im Backofen (Mitte, Gas Stufe 3) in etwa 40 Minuten backen, bis sie gebräunt ist.

Thunfisch-quiche

Zutaten für 4 Personen:
200 g Mehl
Salz
3 Eßl. Öl
1 Eigelb
200 g Makkaroni
1 Bund Salbei
150 g Thunfisch aus der Dose
250 g Mozzarella
250 g Champignons
1 Eßl. Zitronensaft
1 Eßl. Kapern
150 Crème fraîche
weißer Pfeffer, frisch gemahlen
Cayennepfeffer
Für die Form: Öl
Für die Arbeitsfläche: Mehl

Gelingt leicht

Pro Portion etwa:
3400 kJ/810 kcal
34 g Eiweiß · 41 g Fett
41 g Kohlenhydrate

- Zubereitungszeit: etwa 1 1/2 Stunden

1. Das Mehl mit 1 Prise Salz, knapp 100 ml lauwarmem Wasser, dem Öl und dem Eigelb zu einem glatten Teig verkneten. Zugedeckt etwa 30 Minuten bei Zimmertemperatur ruhen lassen.

2. Die Makkaroni in Stücke brechen und in kochendem Salzwasser etwa 6 Minuten garen. Kalt abschrecken und abtropfen lassen. Den Salbei waschen und in Streifen schneiden. Den Thunfisch abtropfen lassen und mit einer Gabel zerpflücken. Den Mozzarella klein würfeln. Die Champignons putzen, in Scheiben schneiden und mit dem Zitronensaft vermischen.

3. Den Backofen auf 200° vorheizen. Die Nudeln mit dem Salbei, dem Thunfisch, dem Mozzarella, den Pilzen, den Kapern und der Crème fraîche vermischen und mit Salz, Pfeffer und Cayennepfeffer abschmecken.

4. Den Teig auf wenig Mehl in Größe einer Form von 28 cm Durchmesser ausrollen. Die Form fetten und mit dem Teig auskleiden, dabei einen Rand von etwa 3 cm hochziehen. Die Nudeln auf dem Teig verteilen.

5. Die Quiche im Backofen (Mitte, Gas Stufe 3) in etwa 40 Minuten backen, bis sie gebräunt ist.

Im Bild vorne: Thunfischquiche
Im Bild hinten: Nudelquiche

Quiche Lorraine

Diese klassische Quiche ist auch unter der Bezeichnung »Lothringer Specktorte« bekannt.

Zutaten für 4–6 Personen:
125 g Butter
250 g Mehl
Salz
250 g durchwachsener Räucherspeck in dünnen Scheiben
150 g Greyerzer
4 Eier
250 g Sahne
weißer Pfeffer, frisch gemahlen
1 Prise Cayennepfeffer
Für die Arbeitsfläche: Mehl

Spezialität aus dem Elsaß

Pro Portion etwa:
3500 kJ/830 kcal
20 g Eiweiß · 67 g Fett
35 g Kohlenhydrate

- Zubereitungszeit: etwa 1 3/4 Stunden

1. Die Butter in kleine Stücke schneiden und mit dem Mehl, 1 kräftigen Prise Salz und etwa 3 Eßlöffeln kaltem Wasser zu einem glatten Teig verkneten. Der Teig soll weich sein, aber nicht an den Fingern kleben.

2. Den Teig auf wenig Mehl möglichst rund ausrollen. Eine Form von 28 cm Durchmesser damit auskleiden, dabei einen Rand von etwa 2 cm hochziehen. Den Teig in der Form etwa 1 Stunde kühl stellen.

3. Inzwischen für den Belag die Speckscheiben in einer trockenen Pfanne bei mittlerer Hitze braten, bis sie glasig und leicht gebräunt sind. Dabei mehrmals wenden. Die Speckscheiben auf Küchenpapier abtropfen lassen und auf einem Teller beiseite stellen.

4. Den Käse, wenn nötig, von der Rinde befreien und mit dem Käsehobel in sehr dünne Scheiben schneiden.

5. Abwechselnd jeweils eine Lage Speck- und eine Lage Käsescheiben auf dem Teigboden übereinander schichten.

6. Die Eier in eine Schüssel schlagen und mit dem Schneebesen verquirlen, bis sie leicht schaumig sind. Die Sahne unterrühren und mit Salz, Pfeffer und dem Cayennepfeffer abschmecken.

7. Den Backofen auf 200° vorheizen. Die Eiersahne über die Speck- und die Käsescheiben gießen und mit einem Teigschaber gleichmäßig verteilen.

8. Die Quiche im Backofen (Mitte, Gas Stufe 3) in etwa 35 Minuten backen, bis die Eiermasse fest und gebräunt ist. Dann die Quiche aus dem Ofen nehmen, etwas ruhen lassen, aus der Form lösen, in Stücke schneiden und zum Beispiel mit gemischtem Salat servieren.

Varianten:
Milder schmeckt die Quiche Lorraine, wenn Sie den Speck nicht anbraten, sondern ihn scheibenweise blanchieren, also ihn für jeweils etwa 3 Minuten in kochendheißes Wasser legen. Anschließend auf Küchenpapier abtropfen lassen! Wer möchte, kann den Speck auch würfeln und den Käse reiben.
Gut schmeckt zur Abwechslung auch gekochter Schinken, bei dem Sie auf das Anbraten verzichten können.
Noch pikanter wird der Belag durch Zwiebeln, die Sie würfeln und zusammen mit dem Speck anbraten.

Gemüse-Sardellen-Kuchen

Zutaten für 4 Personen:
100 g Butter
200 g Mehl
Salz
1 Aubergine (etwa 350 g)
500 g Tomaten
1–2 Knoblauchzehen
2 Eßl. Olivenöl
100 ml trockener Rotwein
weißer Pfeffer, frisch gemahlen
2 Teel. getrocknete Kräuter der Provence
50 g Sardellenfilets aus dem Glas
3 Eier
150 g Crème fraîche
Für die Arbeitsfläche: Mehl
Zum Blindbacken: Pergamentpapier und Hülsenfrüchte

Braucht etwas Zeit

Pro Portion etwa:
2300 kJ/550 kcal
16 g Eiweiß · 32 g Fett
47 g Kohlenhydrate

- Zubereitungszeit: etwa 2 1/4 Stunden

1. Die Butter in kleine Stücke schneiden und mit dem Mehl, 1 Prise Salz und etwa 4 Eßlöffeln kaltem Wasser zu einem glatten Teig verkneten. Den Teig zu einer Kugel formen und zugedeckt etwa 1 Stunde kühl stellen.

2. Inzwischen die Aubergine waschen, vom Stiel- und Blütenansatz befreien und in kleine Würfel schneiden. Die Tomaten mit kochendem Wasser überbrühen, kurz darin ziehen lassen, kalt abschrecken, häuten und in kleine Würfel schneiden, dabei die Stielansätze entfernen. Den Knoblauch schälen und fein hacken.

3. Das Olivenöl in einem weiten Topf erhitzen. Die Auberginenwürfel darin unter Rühren rundherum braun braten. Die Tomaten und den Knoblauch hinzufügen. Den Wein angießen und mit wenig Salz, Pfeffer und den Kräutern würzen. Zugedeckt bei mittlerer Hitze etwa 30 Minuten garen, bis die Flüssigkeit fast ganz eingekocht ist. Dabei immer wieder umrühren. Die Auberginenmasse etwas abkühlen lassen.

4. Die Sardellenfilets kalt abspülen und in kleine Stücke schneiden. Unter das Gemüse mischen. Den Backofen auf 200° vorheizen.

5. Den Teig noch einmal durchkneten. Etwa ein Viertel davon abnehmen, halbieren und jeweils zu einem dünnen Strang rollen. Die beiden Stränge zu einer Kordel legen.

6. Den restlichen Teig in Größe einer Springform von 26 cm Durchmesser auf wenig Mehl möglichst rund ausrollen. Dazu die Teigplatte immer wieder ein Stück drehen. Die Form mit dem Teig auskleiden, dabei einen Rand von etwa 3 cm hochziehen. Den Rand mit einem Messer begradigen. Aus Pergamentpapier einen Kreis in Größe der Form schneiden. Den Teig mit dem Pergamentpapier belegen und eine Schicht Hülsenfrüchte darauf geben. Den Teig im Backofen (Mitte, Gas Stufe 3) in etwa 10 Minuten blindbacken.

7. Die Hülsenfrüchte und das Papier entfernen. Die Eier mit der Crème fraîche verrühren. Mit dem Gemüse vermischen und alles in die Form füllen.

8. Die Teigrolle auf den Teigrand legen und etwas andrücken. Den Gemüse-Sardellen-Kuchen im Backofen (Mitte) in etwa 50 Minuten backen, bis die Füllung fest und leicht gebräunt ist.

Tips!

Sardellenfilets sind sehr intensiv im Geschmack. Wer mag, legt zusätzlich ein paar davon auf den Belag. Das sieht hübsch aus und macht den Kuchen noch pikanter.
Ganz delikat wird die Füllung, wenn Sie noch einige Kapern unter das Gemüse mischen.
Der Kuchen schmeckt nicht nur warm, sondern auch kalt sehr gut, eignet sich also auch für ein Picknick oder ein Partybuffet.

Mit diesem Gemüsekuchen kommt Ferienstimmung auf: Die Zutaten stammen aus der südfranzösischen Küche.

Hähnchen-Mango-Quiche

Zutaten für 4 Personen:
100 g Butter
200 g Mehl
Salz
1 Ei
400 g Hähnchenbrustfilets
1 Mango (etwa 450 g)
1 Eßl. Erdnußöl
1 Eßl. Zitronensaft
200 g Roquefort
150 g Sahne
weißer Pfeffer, frisch gemahlen
Zum Blindbacken: Pergamentpapier und Hülsenfrüchte

Raffiniert

Pro Portion etwa:
3600 kJ/860 kcal
39 g Eiweiß · 54 g Fett
53 g Kohlenhydrate

- Zubereitungszeit: etwa 1 3/4 Stunden

1. Die Butter mit dem Mehl, 1 Prise Salz und dem Ei zu einem glatten Teig verkneten. Mit dem Teig eine Form von 26 cm Durchmesser auskleiden, dabei einen Rand von etwa 3 cm hochziehen. Den Teig etwa 1 Stunde kühl stellen.

2. Die Hähnchenbrustfilets waschen, trockentupfen und in Streifen schneiden. Die Mango schälen, das Fruchtfleisch vom Kern schneiden und würfeln. Das Öl erhitzen. Die Filetstreifen darin anbraten. Die Mango hinzufügen und so lange mitbraten, bis die austretende Flüssigkeit verdampft ist. Den Zitronensaft einrühren. Den Roquefort mit einer Gabel zerdrücken und mit der Sahne verrühren. Mit Pfeffer abschmecken.

3. Den Backofen auf 220° vorheizen. Den Teig mit Pergamentpapier und einer Schicht Hülsenfrüchte belegen und im Backofen (Mitte, Gas Stufe 4) in etwa 15 Minuten blindbacken. Die Hülsenfrüchte und das Papier entfernen. Die Fleischmischung auf dem Teig verteilen und mit der Roquefortcreme bedecken. Die Quiche im Backofen in etwa 30 Minuten fertigbacken.

Paprikaquiche

Zutaten für 4–6 Personen:
200 g Mehl · Salz
3 Eßl. geschmacksneutrales Öl
1 Eigelb
400 g Rinderfilet
250 g kleine Champignons
je 1 rote und grüne Paprikaschote
1 Bund Petersilie
1 Eßl. Butterschmalz
3 Eier
150 g Crème fraîche
1 Teel. scharfer Senf
1 Teel. Paprikapulver, rosenscharf
weißer Pfeffer, frisch gemahlen
Für die Arbeitsfläche: Mehl
Für die Form: Öl

Gelingt leicht

Bei 6 Personen pro Portion etwa:
1700 kJ/400 kcal
20 g Eiweiß · 22 g Fett
29 g Kohlenhydrate

- Zubereitungszeit: etwa 1 3/4 Stunden

1. Das Mehl mit 1 kräftigen Prise Salz, knapp 100 ml lauwarmem Wasser, dem Öl und dem Eigelb zu einem glatten Teig verkneten. Zugedeckt etwa 30 Minuten bei Zimmertemperatur ruhen lassen.

2. Das Rinderfilet in feine Streifen schneiden. Die Champignons putzen und halbieren. Die Paprikaschoten waschen und in feine Streifen schneiden. Die Petersilie waschen und hacken.

3. Das Butterschmalz erhitzen. Die Fleischstreifen darin portionsweise bei starker Hitze kräftig anbraten. Auf einem Sieb abtropfen lassen.

4. Die Pilze und die Paprikastreifen im restlichen Bratfett anbraten. Mit dem Fleisch und der Petersilie vermischen.

5. Den Backofen auf 200° vorheizen. Die Eier mit der Crème fraîche verrühren und mit dem Senf, dem Paprikapulver, Salz und Pfeffer würzen.

6. Den Teig auf Mehl in Größe einer Form von 28 cm Durchmesser ausrollen. Die Form fetten und mit dem Teig auskleiden, einen Rand von etwa 3 cm hochziehen.

7. Die Fleisch-Gemüse-Mischung auf dem Teig verteilen. Die Eiercreme darüber gießen. Die Quiche im Backofen (Mitte, Gas Stufe 3) in etwa 40 Minuten fertig backen.

Bild oben: Hähnchen-Mango-Quiche
Bild unten: Paprikaquiche

Krabben-quiche

Zutaten für 4–6 Personen:
125 g Butter
250 g Mehl
Salz
1 Bund Frühlingszwiebeln
1 mittelgroße Fenchelknolle
2 mittelgroße Tomaten
1 Bund Dill
300 g rohe ausgepulte Nordsee-krabben
1 Eßl. Zitronensaft
3 Eier
125 g Sahne
weißer Pfeffer, frisch gemahlen

Raffiniert

Bei 6 Personen pro Portion etwa:
1900 kJ/450 kcal
16 g Eiweiß · 28 g Fett
36 g Kohlenhydrate

- Zubereitungszeit: etwa 1 3/4 Stunden

1. Die Butter kleinschneiden und mit dem Mehl, 1 kräftigen Prise Salz und etwa 4 Eßlöffeln kaltem Wasser zu einem glatten Teig verkneten. Mit dem Teig eine Form von 28 cm Durchmesser auskleiden, dabei einen Rand von etwa 3 cm hochziehen. Den Teig etwa 1 Stunde kühl stellen.

2. Die Frühlingszwiebeln putzen, waschen und in feine Ringe schneiden. Den Fenchel putzen, waschen und ohne den Strunk in sehr feine Streifen schneiden. Die Tomaten häuten und würfeln. Den Dill waschen und fein hacken.

3. Den Backofen auf 200° vorheizen. Das Gemüse mit dem Dill und den Krabben mischen. Den Zitronensaft dazugießen. Die Eier mit der Sahne verrühren und untermengen. Die Krabbenmischung mit Salz und Pfeffer abschmecken und auf dem Teigboden verteilen. Die Quiche im Backofen (Mitte, Gas Stufe 3) in etwa 40 Minuten backen, bis sie gebräunt ist.

Fisch-Gemüse-Kuchen

Zutaten für 4–6 Personen:
3 Platten tiefgefrorener Blätterteig
400 g Seelachs- oder Rotbarschfilet
2 Eßl. Zitronensaft
100 g junge Möhren
1 Kohlrabi (etwa 300 g)
1 kleiner Zucchino
1 Bund Petersilie
30 g Butter
40 g Mehl
1/4 l Milch
1 Eßl. scharfer Senf
Salz
weißer Pfeffer, frisch gemahlen
Für die Arbeitsfläche: Mehl

Raffiniert

Pro Portion etwa:
1300 kJ/310 kcal
17 g Eiweiß · 16 g Fett
23 g Kohlenhydrate

- Zubereitungszeit: etwa 1 1/2 Stunden

1. Die Blätterteigplatten nebeneinanderlegen und in etwa 15 Minuten auftauen lassen.

2. Das Fischfilet waschen, trockentupfen und in etwa 1 cm große Würfel schneiden. Den Zitronensaft darüber träufeln. Die Möhren und den Kohlrabi putzen, schälen und in feine Stifte schneiden. Die Stifte in kochendem Salzwasser etwa 2 Minuten blanchieren, kalt abschrecken und abtropfen lassen. Den Zucchino waschen, putzen und würfeln. Die Petersilie waschen und fein hacken.

3. Die Butter in einem Topf zerlassen. Das Mehl darüber stäuben, unter Rühren goldgelb anschwitzen und mit der Milch ablöschen. Die Sauce bei schwacher bis mittlerer Hitze köcheln lassen, bis sie cremig ist. Mit dem Senf, Salz und Pfeffer abschmecken.

4. Die Blätterteigplatten aufeinanderlegen und auf wenig Mehl in Größe einer Form von 28 cm Durchmesser ausrollen. Die Form kalt ausspülen, nicht abtrocknen, und mit dem Teig auskleiden. Dabei einen Rand von etwa 2 cm hochziehen.

5. Den Backofen auf 180° vorheizen. Den Fisch mit dem Gemüse und der Petersilie vermischen. Die Senfsauce unterrühren, alles noch einmal mit Salz und Pfeffer abschmecken und auf dem Teig verteilen. Den Kuchen im Backofen (Mitte, Gas Stufe 2) in etwa 50 Minuten backen, bis er gebräunt ist.

Im Bild vorne: Fisch-Gemüse-Kuchen
Im Bild hinten: Krabbenquiche

Bohnen-Lamm-Quiche

Lassen Sie sich die Lammkeule von Ihrem Fleischer entbeinen und den Knochen für eine kräftige Suppe mitgeben.

Zutaten für 4–6 Personen:
200 g Mehl
Salz
6 Eier
1 Eßl. Olivenöl
400 g Lammkeule ohne Knochen
1 Eßl. Butterschmalz
1 Bund Bohnenkraut
1 Stück unbehandelte Zitronenschale
1–2 Knoblauchzehen
1 Eßl. Zitronensaft
300 g grüne Bohnen
250 g Tomaten
100 g Parmesan
200 g Sahne
weißer Pfeffer, frisch gemahlen
Für die Arbeitsfläche: Mehl
Für die Form: Öl

Für Gäste

Bei 6 Personen pro Portion etwa:
1900 kJ/450 kcal
28 g Eiweiß · 24 g Fett
31 g Kohlenhydrate

- Zubereitungszeit: etwa 2 Stunden

1. Das Mehl mit 1 Prise Salz, 2 Eiern und dem Öl zu einem glatten Teig verkneten. Der Teig soll weich sein, darf aber nicht an den Fingern kleben. Den Teig zugedeckt bei Zimmertemperatur etwa 1 Stunde ruhen lassen.

2. Inzwischen für den Belag die Lammkeule in schmale Streifen schneiden. Das Butterschmalz in einer Pfanne erhitzen. Das Fleisch darin portionsweise kräftig anbraten, herausnehmen und in eine Schüssel geben.

3. Das Bohnenkraut waschen und trockenschwenken. Die Blättchen von den Stengeln abzupfen und hacken. Die Zitronenschale in feine Streifen schneiden. Den Knoblauch schälen und fein hacken. Das Lammfleisch mit dem Bohnenkraut, der Zitronenschale und dem -saft sowie dem Knoblauch mischen.

4. Die Bohnen waschen und putzen, dabei gegebenenfalls von den Fäden befreien, und in etwa 3 cm lange Stücke schneiden. In einem Topf reichlich Wasser zum Kochen bringen und salzen. Die Bohnen darin etwa 5 Minuten blanchieren. Dann kalt abschrecken und abtropfen lassen.

5. Die Tomaten mit kochendem Wasser überbrühen, kurz darin ziehen lassen, kalt abschrecken, häuten und klein würfeln, dabei die Stielansätze entfernen. Den Parmesan fein reiben.

6. Den Teig noch einmal durchkneten, dann auf wenig Mehl oder in der Nudelmaschine dünn ausrollen. Eine Form von 28 cm Durchmesser mit Öl ausstreichen und mit dem Teig auskleiden, dabei einen Rand von etwa 3 cm hochziehen. Den Rand glattschneiden.

7. Die restlichen Eier trennen. Die Eigelbe mit dem Käse und der Sahne verrühren. Die Masse mit Salz und Pfeffer abschmecken. Die Eiweiße mit 1 Prise Salz steif schlagen, dann vorsichtig unter die Eigelbmasse heben.

8. Den Backofen auf 200° vorheizen. Die Bohnen mit den Tomaten und dem Lammfleisch mischen und auf dem Teigboden verteilen. Die Eiersahne darüber gießen.

9. Die Quiche im heißen Ofen (Mitte, Gas Stufe 3) in etwa 45 Minuten garen, bis sie an der Oberfläche gebräunt ist.

Zartes Lammfleisch mit knackigen Bohnen ist eine klassische Kombination. Als Belag auf einer Quiche schmeckt sie ungewöhnlich und ganz besonders köstlich.

CROM
1 LITRO

Wirsingquiche

Zutaten für 4 Personen:
150 g Mehl
100 g Buchenweizenmehl (Reformhaus oder Naturkostladen)
Salz
700 g Wirsing
200 g festkochende Kartoffeln
200 g Fontina oder mittelalter Gouda
2 Knoblauchzehen
weißer Pfeffer, frisch gemahlen
Für die Arbeitsfläche: Mehl
Für die Form: Öl

Gelingt leicht

Pro Portion etwa:
1200 kJ/290 kcal
10 g Eiweiß · 1 g Fett
59 g Kohlenhydrate

- Zubereitungszeit: etwa 1 1/2 Stunden

1. Das Mehl mit dem Buchenweizenmehl mischen. Mit 1/2 Teelöffel Salz und etwa 1/8 l lauwarmem Wasser zu einem glatten geschmeidigen Teig verkneten. Den Teig zu einer Kugel formen und zugedeckt bei Zimmertemperatur etwa 30 Minuten ruhen lassen.

2. Inzwischen die Wirsingblätter vom Strunk lösen, waschen und in feine Streifen schneiden. Die Kartoffeln schälen und klein würfeln. In einem Topf reichlich Wasser zum Kochen bringen und salzen. Den Kohl und die Kartoffeln darin etwa 5 Minuten blanchieren, kalt abschrekken und abtropfen lassen. Den Käse in kleine Würfel schneiden.

3. Den Backofen auf 200° vorheizen. Den Teig noch einmal durchkneten, dann auf wenig Mehl in Größe einer Form von 28 cm Durchmesser ausrollen. Die Form mit Öl ausstreichen und mit dem Teig auskleiden, dabei einen Rand von etwa 3 cm hochziehen.

4. Den Wirsing und die Kartoffeln mit dem Käse mischen. Den Knoblauch schälen und durch die Presse dazudrücken. Alles mit reichlich Pfeffer würzen. Die Mischung auf dem Teig verteilen.

5. Die Quiche im Backofen (Mitte, Gas Stufe 3) in etwa 40 Minuten garen, bis der Käse zerlaufen und der Teig gebräunt ist.

Zucchini-Grieß-Kuchen

Zutaten für 4–6 Personen:
700 ml Milch
Salz
150 g Weizengrieß
3 Eier
50 g Butter
75 g Parmesan, frisch gerieben
weißer Pfeffer, frisch gemahlen
Muskatnuß, frisch gerieben
400 g junge Zucchini
Für die Form: Butter

Preiswert

Pro Portion etwa:
1300 kJ/310 kcal
15 g Eiweiß · 17 g Fett
24 g Kohlenhydrate

- Zubereitungszeit: etwa 1 Stunde

1. Die Milch mit etwas Salz zum Kochen bringen. Den Grieß mit einem Schneebesen einrühren und bei schwächster Hitze unter Rühren in etwa 10 Minuten ausquellen lassen.

2. Die Eier trennen. Den Grieß von der Herdplatte nehmen, 30 g Butter, 60 g Käse und die Eigelbe untermischen. Die Masse mit Salz, Pfeffer und Muskat pikant abschmecken. Die Eiweiße steif schlagen und unterheben.

3. Den Backofen auf 220° vorheizen. Eine Form von 28 cm Durchmesser oder eine große ovale Form mit Butter ausstreichen. Den Grieß einfüllen. Die Zucchini putzen, waschen und in etwa 1/2 cm dicke Scheiben schneiden. Die Scheiben dachziegelartig auf dem Grieß anordnen und mit Salz und Pfeffer würzen. Die restliche Butter in Flöckchen schneiden und mit dem restlichen Käse über die Zucchini streuen.

4. Den Grießkuchen im Backofen (Mitte, Gas Stufe 4) in etwa 30 Minuten backen, bis die Zucchini gebräunt sind.

Im Bild vorne: Zucchini-Grieß-Kuchen
Im Bild hinten: Wirsingquiche

Hirsequiche mit Gemüse

Diese schmackhafte Quiche können Sie statt mit Hirse auch mit Reis, Bulgur oder Buchweizen zubereiten. Wenn Sie keinen Spargel bekommen, verwenden Sie Stangensellerie oder nehmen einfach mehr Zucchini.

Zutaten für 6 Personen:
200 g Mehl
Salz
4 Eier
1 Eßl. Olivenöl
150 g Hirse
250 g grüner Spargel
2 Zucchini (etwa 250 g)
3 Tomaten (etwa 250 g)
3 Rosmarinzweige
1 Prise Zucker
150 g Sahne
100 g Parmesan, frisch gerieben
weißer Pfeffer, frisch gemahlen
Muskatnuß, frisch gerieben
Für die Arbeitsfläche: Mehl
Für die Form: Öl

Raffiniert

Pro Portion etwa:
1500 kJ/360 kcal
11 g Eiweiß · 15 g Fett
48 g Kohlenhydrate

- Zubereitungszeit: etwa 2 Stunden

1. Das Mehl mit 1 kräftigen Prise Salz, 2 Eiern und dem Öl zu einem glatten geschmeidigen Teig verkneten. Sollte der Teig zu fest sein, noch etwas Wasser unterarbeiten. Ist er zu weich und bleibt an den Fingern kleben, noch etwas Mehl hinzufügen.

2. Den Teig zu einer Kugel formen und zugedeckt bei Zimmertemperatur etwa 30 Minuten ruhen lassen.

3. Die Hirse mit 300 ml kaltem Wasser in einem Topf zum Kochen bringen. Dann zugedeckt auf der abgeschalteten Herdplatte etwa 20 Minuten quellen lassen, bis die Körner aufgegangen sind und das Wasser aufgesogen haben.

4. Den Spargel waschen, die Enden abschneiden und den unteren Teil dünn schälen. Die Stangen in etwa 3 cm lange Stücke schneiden. Die Zucchini putzen, waschen und in feine Stifte schneiden. Die Tomaten mit kochendem Wasser überbrühen, kurz darin ziehen lassen, kalt abschrecken, häuten und quer in Scheiben schneiden, dabei die Stielansätze entfernen. Den Rosmarin waschen und trockenschwenken. Die Nadeln von den Stielen zupfen und mit einem Messer grob zerkleinern.

5. In einem Topf reichlich Wasser mit Salz und dem Zucker zum Kochen bringen. Den Spargel darin etwa 3 Minuten blanchieren, dann kalt abschrecken und abtropfen lassen.

6. Den Teig noch einmal durchkneten und auf wenig Mehl in Größe einer Form von 28 cm Durchmesser ausrollen. Die Form mit Öl ausstreichen und mit dem Teig auskleiden, dabei einen Rand von etwa 3 cm hochziehen.

7. Den Backofen auf 180° vorheizen. Die Hirse mit dem Spargel und den Zucchini, der Sahne, den übrigen Eiern und 75 g Käse mischen. Mit dem Rosmarin, Salz, Pfeffer und Muskat abschmecken.

8. Die Hirsemischung auf dem Teig verteilen und glattstreichen. Die Oberfläche mit den Tomatenscheiben bedecken und mit dem übrigen Käse bestreuen.

9. Die Quiche im heißen Ofen (Mitte, Gas Stufe 2) in etwa 50 Minuten backen, bis sie appetitlich gebräunt ist.

Tip!

Statt grünem Spargel können Sie auch Spargelspitzen verwenden, die häufig besonders preisgünstig sind.

In Verbindung mit der Hirse kommt der Geschmack des Gemüses besonders gut zur Geltung.

Auberginen-kuchen

Dieser Kuchen wird ganz ohne Ei zubereitet, was den Geschmack der verschiedenen Gemüsesorten besonders gut zur Geltung bringt. Lassen Sie ihn vor dem Servieren etwa 10 Minuten ruhen, damit er sich gut schneiden läßt.

Zutaten für 4–6 Personen:
125 g Butter
250 g Mehl
Salz
600 g Auberginen
1 Bund Frühlingszwiebeln
4–5 Stangen Sellerie
2 Tomaten (etwa 200 g)
2 Knoblauchzehen
1/2 Bund Rosmarin
200 g Joghurt
175 g Bergkäse oder Emmentaler, frisch gerieben
weißer Pfeffer, frisch gemahlen
Cayennepfeffer
2 Eßl. Pinienkerne

Raffiniert

Bei 6 Personen pro Portion etwa:
1900 kJ/450 kcal
13 g Eiweiß · 27 g Fett
38 g Kohlenhydrate

- Zubereitungszeit: etwa 2 1/4 Stunden

1. Die Butter in kleine Stücke schneiden und mit dem Mehl, 1 kräftigen Prise Salz und etwa 4 Eßlöffeln kaltem Wasser zu einem glatten Teig verkneten. Mit dem Teig eine Form von 28 cm Durchmesser auskleiden, dabei einen Rand von etwa 3 cm hochziehen. Den Teig in der Form etwa 1 Stunde kühl stellen.

2. Inzwischen die Auberginen waschen, vom Blütenansatz befreien, mit einem Kartoffelschäler schälen und würfeln. Etwa 100 ml Wasser in einem Topf zum Kochen bringen und salzen. Die Auberginen in den Topf geben und zugedeckt bei mittlerer Hitze etwa 15 Minuten garen, bis sie weich sind. Wenn nötig, noch etwas Wasser angießen.

3. Die Auberginen in ein Sieb schütten und abtropfen lassen. Im Mixer oder mit dem Pürierstab fein zerkleinern.

4. Die Frühlingszwiebeln putzen, waschen und mit dem zarten Grün in feine Ringe schneiden. Den Sellerie waschen, eventuell von harten Fasern befreien und in feine Scheiben schneiden. Die Tomaten mit kochendem Wasser überbrühen, kurz darin ziehen lassen, kalt abschrecken, häuten und in kleine Würfel schneiden, dabei die Stielansätze entfernen. Den Knoblauch schälen und sehr fein hacken. Den Rosmarin waschen, trockenschwenken, die Nadeln von den Stielen zupfen und grob hacken.

5. Den Backofen auf 180° vorheizen. Das Auberginenpüree mit den Frühlingszwiebeln, dem Sellerie, den Tomaten, dem Knoblauch, dem Rosmarin und dem Joghurt mischen. Den Käse bis auf 2 Eßlöffel hinzufügen und alles mit Salz, Pfeffer und Cayennepfeffer pikant abschmecken.

6. Die Mischung auf dem Teig verteilen und glattstreichen. Mit dem restlichen Käse und den Pinienkernen bestreuen. Den Kuchen im heißen Ofen (Mitte, Gas Stufe 2) in etwa 1 Stunde backen, bis der Belag fest und gebräunt ist.

Tip!

Der Sellerie bleibt beim Backen dieses Kuchens angenehm bißfest. Wer das nicht so schätzt, kann ihn etwa 2 Minuten in Salzwasser blanchieren, abschrekken und dann erst unter das Auberginenpüree mischen.

Gemüse und Gewürze aus dem Mittelmeerraum geben dem Auberginenkuchen seinen unverwechselbaren Geschmack.

Lauchkuchen

Zutaten für 4 Personen:
120 g weiche Butter
250 g Mehl
Salz
1 Ei
900 g Lauch
1 Bund Petersilie
weißer Pfeffer, frisch gemahlen
150 g Crème fraîche
100 g Sahne
100 g Emmentaler, frisch gerieben

Preiswert

Pro Portion etwa:
3000 kJ/710 kcal
10 g Eiweiß · 50 g Fett
56 g Kohlenhydrate

- Zubereitungszeit: etwa 1 3/4 Stunden

1. 100 g Butter mit dem Mehl, 1 kräftigen Prise Salz, dem Ei und etwa 4 Eßlöffeln kaltem Wasser zu einem glatten Teig verkneten. Eine Form von 28 cm Durchmesser damit auskleiden, dabei einen Rand von etwa 3 cm hochziehen. Den Teig in der Form etwa 1 Stunde kühl stellen.

2. Den Lauch putzen, längs aufschlitzen, waschen und in feine Ringe schneiden.

3. Die restliche Butter in einer Pfanne erhitzen. Den Lauch darin bei mittlerer Hitze unter gelegentlichem Wenden etwa 5 Minuten dünsten. Dann abkühlen lassen.

4. Die Petersilie waschen und fein hacken. Zum Lauch geben und alles mit Salz und Pfeffer pikant würzen. Den Backofen auf 200° vorheizen.

5. Die Lauchmischung auf dem Teigboden verteilen. Die Crème fraîche mit der Sahne und dem Käse verquirlen und mit Salz und Pfeffer abschmekken. Auf die Lauchmasse gießen.

6. Den Lauchkuchen im heißen Ofen (Mitte, Gas Stufe 3) in etwa 40 Minuten backen, bis er gebräunt ist.

Tomaten-Mozzarella-Quiche

Zutaten für 4–6 Personen:
200 g Mehl
Salz
1 Eigelb
3 Eßl. Öl
750 g Fleischtomaten
1 Bund Rucola (etwa 50 g)
350 g Mozzarella
1 rote Zwiebel
1–2 Knoblauchzehen
1 Eßl. Crème fraîche
weißer Pfeffer, frisch gemahlen
Für die Arbeitsfläche: Mehl
Für die Form: Öl

Für Ungeübte

Bei 6 Personen pro Portion etwa:
1400 kJ/330 kcal
16 g Eiweiß · 16 g Fett
32 g Kohlenhydrate

- Zubereitungszeit: etwa 1 1/2 Stunden

1. Das Mehl mit 1 Prise Salz, 100 ml lauwarmem Wasser, dem Eigelb und dem Öl zu einem glatten geschmeidigen Teig verkneten. Den Teig zu einer Kugel formen und bei Zimmertemperatur zugedeckt etwa 30 Minuten ruhen lassen.

2. Inzwischen die Tomaten häuten und in kleine Würfel schneiden, dabei die Stielansätze entfernen. Den Rucola waschen, trockenschwenken und in Streifen schneiden. Den Mozzarella abtropfen lassen und klein würfeln. Die Zwiebel und den Knoblauch schälen und fein hacken.

3. Den Teig auf wenig Mehl in Größe einer Form von 28 cm Durchmesser ausrollen. Die Form mit Öl ausstreichen und mit dem Teig auskleiden, dabei einen Rand von etwa 3 cm hochziehen.

4. Den Backofen auf 180° vorheizen. Die Tomaten mit dem Rucola, dem Mozzarella, der Zwiebel, dem Knoblauch und der Crème fraîche mischen und mit Salz und Pfeffer abschmecken.

5. Die Tomaten-Käse-Mischung auf dem Teig verteilen. Die Quiche im heißen Ofen (Mitte, Gas Stufe 2) in etwa 45 Minuten backen, bis sie gebräunt und der Käse geschmolzen ist.

Bild oben: Lauchkuchen
Bild unten: Tomaten-Mozzarella-Quiche

Mangold-quiche mit Schafkäse

Mangold gibt es nicht immer zu kaufen. Sie können ihn durch Spinat ersetzen, der besonders delikat schmeckt, wenn Sie ihn mit Wildkräutern mischen. Die Zubereitung bleibt gleich.

Zutaten für 4–6 Personen:
125 g Butter
250 g Mehl
Salz
500 g Mangold
250 g Schafkäse
1 Rosmarinzweig
etwa 15 Salbeiblätter
200 g Sahne
4 Eier
weißer Pfeffer, frisch gemahlen
Cayennepfeffer
2 Knoblauchzehen

Gelingt leicht

Bei 6 Personen pro Portion etwa:
2400 kJ/570 kcal
15 g Eiweiß · 41 g Fett
35 g Kohlenhydrate

- Zubereitungszeit: etwa 2 Stunden

1. Die Butter in kleine Stücke schneiden und mit dem Mehl, 1 kräftigen Prise Salz und etwa 3 Eßlöffeln kaltem Wasser zu einem glatten Teig verkneten.

2. Mit dem Teig eine Spring- oder eine Tarteform von etwa 28 cm Durchmesser auskleiden, dabei einen Rand von etwa 2 cm hochziehen. Den Teig in der Form etwa 1 Stunde kühl stellen.

3. Inzwischen den Mangold gründlich waschen und abtropfen lassen. Die Blätter von den Rippen schneiden und grob hacken. Die Stiele und Rippen in etwa 1 cm breite Stücke schneiden. In einem Topf reichlich Wasser zum Kochen bringen und salzen. Den Mangold darin etwa 3 Minuten blanchieren, in ein Sieb schütten, kalt abschrecken und gründlich abtropfen lassen.

4. Den Schafkäse in Würfel schneiden. Den Rosmarin und den Salbei waschen, trockentupfen und fein hacken.

5. Die Sahne mit den Eiern verquirlen und mit Salz, Pfeffer und Cayennepfeffer abschmecken. Den Backofen auf 180° vorheizen.

6. Den Mangold mit dem Schafkäse und den Kräutern mischen. Den Knoblauch schälen, durch die Presse drücken und unterrühren. Die Gemüsemischung mit Pfeffer abschmecken.

7. Den Mangold auf dem Teig verteilen. Die Eiersahne darüber gießen. Die Quiche im heißen Ofen (Mitte, Gas Stufe 2) in etwa 50 Minuten backen, bis sie appetitlich braun ist.

Tip!

Schafkäse – auch unter der Bezeichnung Feta angeboten – ist je nach Herkunftsland unterschiedlich stark gesalzen. Bulgarische und französische Käse sind in der Regel milder als die Schafkäse aus Griechenland und der Türkei. Am besten lassen Sie sich von Ihrem Händler beraten und probieren die unterschiedlichen Käsesorten, bevor Sie sich entscheiden.

Läßt sich leicht zubereiten und schmeckt besonders würzig: die Mangoldquiche mit Schafkäse.

Pilzquiche mit Knoblauch

Statt Champignons schmecken auf dieser Quiche auch Pfifferlinge sehr gut, der Kuchen wird dann allerdings um einiges teurer. Pfifferlinge sollten Sie vor ihrer Verwendung in Butterschmalz oder Öl anbraten, das bringt den Geschmack besonders gut zur Geltung.

Zutaten für 4–6 Personen:
125 g Butter
250 g Mehl
Salz
750 g Champignons oder Egerlinge
Saft von 1/2 Zitrone
1 Bund Petersilie
2–3 Knoblauchzehen
weißer Pfeffer, frisch gemahlen
4 Eier
75 g Parmesan, frisch gerieben
200 g Sahne
Zum Blindbacken: Pergamentpapier und Hülsenfrüchte

Gelingt leicht

Bei 6 Personen pro Portion etwa:
2200 kJ/520 kcal
16 g Eiweiß · 36 g Fett
36 g Kohlenhydrate

- Zubereitungszeit: etwa 2 Stunden

1. Die Butter in kleine Stücke schneiden und mit dem Mehl, 1 kräftigen Prise Salz und etwa 4 Eßlöffeln kaltem Wasser zu einem glatten Teig verkneten.

2. Mit dem Teig eine Form von 28 cm Durchmesser auskleiden, dabei einen Rand von etwa 3 cm hochziehen. Den Teig in der Form etwa 1 Stunde kühl stellen.

3. Für den Belag die Pilze putzen und je nach Größe ganz lassen, halbieren oder vierteln. Sofort mit dem Zitronensaft mischen, damit die Pilze sich nicht verfärben.

4. Die Petersilie waschen, trockenschwenken und ohne die groben Stiele fein hacken. Den Knoblauch schälen und ebenfalls fein hacken. Die Pilze mit der Petersilie und dem Knoblauch mischen und mit Salz und Pfeffer abschmecken.

5. Den Backofen auf 200° vorheizen. Aus Pergamentpapier einen Kreis in Größe der Form schneiden. Den Teig mit dem Pergamentpapier belegen und eine Schicht Hülsenfrüchte darauf geben. Den Teig im heißen Ofen (Mitte, Gas Stufe 3) in etwa 10 Minuten blindbacken. Dann die Hülsenfrüchte und das Papier entfernen.

6. Die Eier trennen. Die Eigelbe mit dem Käse und der Sahne verquirlen. Mit Salz und Pfeffer würzen. Die Eiweiße steif schlagen und unterheben.

7. Die Pilze auf dem Teigboden verteilen. Die Eiersahne darüber gießen.

8. Die Quiche in etwa 40 Minuten fertigbacken, bis der Belag gebräunt ist.

Tip!

Noch intensiver wird der Pilzgeschmack, wenn Sie zusätzlich getrocknete Pilze unter den Belag mischen. Dazu weichen Sie 10 g getrocknete Steinpilze oder Spitzmorcheln einige Stunden in Wasser ein, lassen sie abtropfen, schneiden sie klein und mischen sie unter die frischen Pilze.

Hier können Pilzliebhaber nicht widerstehen. Dazu paßt ein buntgemischter Salat.

Rosenkohlquiche

Zutaten für 4–6 Personen:
125 g weiche Butter
250 g Mehl
Salz
800 g Rosenkohl
1 Bund Petersilie
200 g Gorgonzola
150 Crème fraîche
2 Eßl. Sahne
1 Eßl. Zitronensaft
weißer Pfeffer, frisch gemahlen
Cayennepfeffer

Gelingt leicht

Bei 6 Personen pro Portion etwa:
2400 kJ/570 kcal
16 g Eiweiß · 39 g Fett
38 g Kohlenhydrate

- Zubereitungszeit: etwa 1 3/4 Stunden

1. Die Butter mit dem Mehl, 1 kräftigen Prise Salz und etwa 4 Eßlöffeln kaltem Wasser zu einem glatten Teig verkneten. Mit dem Teig eine Form von 28 cm Durchmesser auskleiden, dabei einen Rand von etwa 3 cm hochziehen. Den Teig in der Form etwa 1 Stunde kühl stellen.

2. Inzwischen den Rosenkohl waschen, putzen und längs halbieren. In einem Topf reichlich Wasser zum Kochen bringen und salzen. Den Rosenkohl darin etwa 3 Minuten blanchieren, kalt abschrecken und abtropfen lassen.

3. Die Petersilie waschen, trockenschwenken und ohne die groben Stiele fein hacken. Den Gorgonzola in kleine Würfel schneiden. Den Backofen auf 200° vorheizen.

4. Den Rosenkohl mit der Petersilie, dem Gorgonzola, der Crème fraîche, der Sahne und dem Zitronensaft mischen und mit Salz, Pfeffer und Cayennepfeffer abschmecken. Auf dem Teig verteilen und im heißen Ofen (Mitte, Gas Stufe 3) in etwa 45 Minuten backen.

Möhren-Thymian-Quiche

Zutaten für 4–6 Personen:
200 g Mehl
Salz
5 Eier
1 Eßl. Olivenöl
500 g junge Möhren
150 g rote Zwiebeln
1 Bund Thymian
100 g Bergkäse, frisch gerieben
200 g Sahne
Cayennepfeffer
2 Eßl. Sonnenblumenkerne
Für die Arbeitsfläche: Mehl
Für die Form: Öl

Raffiniert

Bei 6 Personen pro Portion etwa:
1600 kJ/380 kcal
14 g Eiweiß · 22 g Fett
33 g Kohlenhydrate

- Zubereitungszeit: etwa 1 1/2 Stunden

1. Das Mehl mit 1 kräftigen Prise Salz, 2 Eiern und dem Öl zu einem glatten geschmeidigen Teig verkneten. Den Teig zu einer Kugel formen und zugedeckt bei Zimmertemperatur etwa 30 Minuten ruhen lassen.

2. Die Möhren schälen, putzen und auf der Rohkostreibe mittelfein raspeln. Die Zwiebeln schälen und sehr fein hacken. Den Thymian waschen, trokkenschwenken und die Blättchen von den Stielen streifen.

3. Die restlichen Eier mit dem Käse und der Sahne verquirlen und mit Salz und Cayennepfeffer abschmecken.

4. Den Teig noch einmal durchkneten, dann auf wenig Mehl in Größe einer Form von 26 cm Durchmesser ausrollen. Die Form mit Öl ausstreichen und mit dem Teig auskleiden, dabei einen Rand von etwa 3 cm hochziehen. Den Backofen auf 200° vorheizen.

5. Die Möhren mit den Zwiebeln und dem Thymian sorgfältig mischen, mit Salz und Cayennepfeffer würzen und auf dem Teigboden verteilen. Die Eiersahne darüber gießen und mit den Sonnenblumenkernen bestreuen.

6. Die Quiche im heißen Ofen (Mitte, Gas Stufe 3) in etwa 40 Minuten backen, bis sie schön gebräunt ist.

Im Bild vorne: Möhren-Thymian-Quiche
Im Bild hinten: Rosenkohlquiche

Bunte Gemüsequiche

Dieser würzige Gemüsekuchen schmeckt auch kalt sehr gut.

Zutaten für 4–6 Personen:
200 g Mehl
Salz
3 Eßl. Öl
1 Eigelb
500 g Tomaten
2 Zucchini (etwa 350 g)
1 Bund Frühlingszwiebeln
1 großer Bund Petersilie
400 g griechischer Schafkäse
200 g Quark
3 Eßl. Joghurt
3 Eier
2 Knoblauchzehen
weißer Pfeffer, frisch gemahlen
4–6 eingelegte Peperoni aus dem Glas
12 schwarze Oliven
Für die Arbeitsfläche: Mehl
Für die Form: Öl

Raffiniert

Bei 6 Personen pro Portion etwa:
1900 kJ/450 kcal
21 g Eiweiß · 27 g Fett
33 g Kohlenhydrate

- Zubereitungszeit: etwa 2 Stunden

1. Das Mehl mit 1 kräftigen Prise Salz, dem Öl, dem Eigelb und knapp 100 ml lauwarmem Wasser zu einem geschmeidigen glatten Teig verkneten. Den Teig zu einer Kugel formen und zugedeckt bei Zimmertemperatur etwa 30 Minuten ruhen lassen.

2. Inzwischen die Tomaten mit kochendem Wasser überbrühen, kurz darin ziehen lassen, kalt abschrecken, häuten und in kleine Würfel schneiden, dabei die Stielansätze entfernen. Die Zucchini waschen, putzen und in etwa 1/2 cm dicke Scheiben schneiden. Die Frühlingszwiebeln putzen, waschen und mit dem zarten Grün in feine Ringe schneiden. Die Petersilie waschen, trockenschwenken und ohne die groben Stiele sehr fein hacken.

3. Den Schafkäse mit einer Gabel so fein wie möglich zerdrücken. Mit dem Quark, dem Joghurt und den Eiern verrühren. Den Knoblauch schälen und durch die Presse dazudrücken. Die Schafkäsecreme mit Pfeffer und, wenn der Käse sehr mild ist, mit ganz wenig Salz abschmecken.

4. Den Teig noch einmal durchkneten, dann auf wenig Mehl in Größe einer Form von 28 cm Durchmesser ausrollen. Die Form mit Öl ausstreichen und mit dem Teig auskleiden, dabei einen Rand von etwa 3 cm hochziehen. Den Backofen auf 180° vorheizen.

5. Das Gemüse und die Schafkäsecreme lagenweise in die Form schichten. Dabei mit Gemüse beginnen und mit Schafkäsecreme abschließen. Die Peperoni abtropfen lassen und mit den Oliven dekorativ auf dem Gemüsekuchen verteilen.

6. Die Quiche im heißen Ofen (Mitte, Gas Stufe 2) in etwa 1 Stunde backen, bis die Schafkäsecreme fest ist.

Tip!

Lassen Sie die Quiche noch 5–10 Minuten ruhen, nachdem Sie sie aus dem Backofen geholt haben. Sie läßt sich dann besser schneiden, weil sie dann etwas fester wird und der Saft nicht mehr so ausläuft. Und der Geschmack kommt besser zur Geltung, wenn sie nicht ganz heiß gegessen wird.

Der Belag der Gemüsequiche ist sehr saftig, sie wird deshalb mit einem knusprigen Strudelteig zubereitet.

Kartoffelquiche

Zutaten für 4–6 Personen:
100 g Butter
200 g Mehl
Salz
250 g Spinat
2 Knoblauchzehen
1 Bund Petersilie
650 g vorwiegend festkochende Kartoffeln
weißer Pfeffer, frisch gemahlen
Cayennepfeffer
2 Eier
150 g Sahne
80 g Hartkäse, frisch gerieben

Preiswert

Bei 6 Personen pro Portion etwa:
1900 kJ/450 kcal
13 g Eiweiß · 28 g Fett
41 g Kohlenhydrate

- Zubereitungszeit: etwa 2 Stunden

1. Die Butter in kleine Stücke schneiden und mit dem Mehl, 1 kräftigen Prise Salz und etwa 3 Eßlöffeln kaltem Wasser zu einem glatten Teig verkneten. Eine Form von 28 cm Durchmesser mit dem Teig auskleiden, dabei einen Rand von etwa 3 cm hochziehen. Den Teig in der Form etwa 1 Stunde kühl stellen.

2. Den Spinat verlesen und gründlich waschen, abtropfen lassen und in Streifen schneiden. In kochendem Salzwasser etwa 1 Minute blanchieren, kalt abschrecken und sehr gut abtropfen lassen.

3. Den Knoblauch schälen und fein hacken. Die Petersilie waschen und ebenfalls fein hacken. Die Kartoffeln schälen, waschen und grob raspeln.

4. Den Backofen auf 200° vorheizen. Die Kartoffeln mit der Petersilie, dem Knoblauch und dem Spinat mischen, mit Salz, Pfeffer und Cayennepfeffer abschmecken und auf dem Teig verteilen.

5. Die Eier mit der Sahne und dem Käse verrühren, salzen und über die Kartoffeln gießen. Die Quiche im heißen Ofen (Mitte, Gas Stufe 3) in etwa 45 Minuten backen, bis sie gebräunt ist.

Kürbisquiche

Zutaten für 4–6 Personen:
100 g Butter
200 g Mehl
Salz
1 dünne Stange Lauch
1–2 Knoblauchzehen
1–2 frische grüne Pfefferschoten
1 kg Kürbis
1 Eßl. Zitronensaft
2 Eier
150 g Sahne
100 g Parmesan, frisch gerieben

Gelingt leicht

Bei 6 Personen pro Portion etwa:
1600 kJ/380 kcal
7 g Eiweiß · 24 g Fett
34 g Kohlenhydrate

- Zubereitungszeit: etwa 2 Stunden

1. Die Butter mit dem Mehl, 1 kräftigen Prise Salz und etwa 3 Eßlöffeln kaltem Wasser zu einem glatten Teig verkneten. Eine Form von 28 cm Durchmesser damit auskleiden, dabei einen Rand von etwa 1 cm hochziehen. Den Teig etwa 1 Stunde kühl stellen.

2. Den Lauch putzen, längs aufschlitzen und gründlich waschen. Mit dem zarten Grün in feine Ringe schneiden. Den Knoblauch schälen und fein hacken. Die Pfefferschoten längs halbieren und von den Stielansätzen, den Kernen und den Trennwänden befreien. Die Hälften gründlich kalt abspülen und in feine Streifen schneiden.

3. Den Kürbis von den Kernen befreien, schälen und grob raspeln oder sehr fein würfeln. Mit den Pfefferschoten, dem Knoblauch, dem Lauch und dem Zitronensaft mischen und mit Salz abschmecken.

4. Den Backofen auf 200° vorheizen. Die Eier mit der Sahne und dem Käse verrühren und mit wenig Salz abschmecken. Die Kürbismischung auf dem Teig verteilen. Die Eiersahne darüber gießen. Die Quiche im heißen Ofen (Mitte, Gas Stufe 3) in etwa 45 Minuten backen, bis sie schön gebräunt ist.

Im Bild vorne: Kürbisquiche
Im Bild hinten: Kartoffelquiche

FÜR DIE GROSSE RUNDE

Hackfleisch-Gemüse-Kuchen

Zutaten für 8 Personen:
400 g Mehl
30 g Hefe
1 Prise Zucker
Salz
100 g junge Möhren
200 g Staudensellerie
2 Bund Frühlingszwiebeln
1 große Tomate (etwa 140 g)
1 Eßl. Butterschmalz
500 g Rinderhackfleisch
2 Eßl. Mehl
300 ml Milch
125 g Hartkäse, frisch gerieben
weißer Pfeffer, frisch gemahlen
Muskatnuß, frisch gerieben
Für das Backblech: Öl
Für die Arbeitsfläche: Mehl

Preiswert

Pro Portion etwa:
1900 kJ/450 kcal
25 g Eiweiß · 17 g Fett
47 g Kohlenhydrate

- Zubereitungszeit: etwa 2 Stunden

1. Für den Teig das Mehl in eine Schüssel sieben. In die Mitte eine Mulde drücken. Die Hefe in die Mulde bröckeln und mit dem Zucker und etwa 3 Eßlöffeln lauwarmem Wasser anrühren. Zugedeckt bei Zimmertemperatur etwa 15 Minuten gehen lassen.

2. Etwa 3/8 l lauwarmes Wasser und Salz dazugeben und alles etwa 5 Minuten lang kräftig verkneten. Den Teig bei Zimmertemperatur zugedeckt etwa 1 Stunde gehen lassen, bis sich sein Volumen etwa verdoppelt hat.

3. Inzwischen für den Belag die Möhren schälen, putzen und klein würfeln. Den Sellerie waschen, von den harten Fasern befreien und in feine Scheiben schneiden. Auch die zarten Blätter mitverwenden. Die Frühlingszwiebeln putzen, waschen und mit dem zarten Grün in feine Ringe schneiden. Die Tomate waschen und würfeln.

4. Das Butterschmalz in einer großen Pfanne erhitzen. Das Rinderhack darin bei starker Hitze unter Rühren braten, bis es braun und krümelig ist. Das Gemüse hinzufügen und kurz mitbraten.

5. Das Fleisch und das Gemüse mit dem Mehl bestäuben und kurz anschwitzen. Die Milch angießen und das Ganze einmal aufkochen lassen. Auf der abgeschalteten Herdplatte ziehen lassen.

6. Ein Backblech sorgfältig mit Öl bestreichen. Den Teig noch einmal durchkneten. Dann auf wenig Mehl in Größe des Blechs ausrollen. Das Blech mit dem Teig auslegen, dabei die Ränder etwas dicker formen. Den Backofen auf 200° vorheizen.

7. Den Pfanneninhalt mit dem Käse mischen und mit Salz, Pfeffer und Muskat pikant abschmecken. Die Masse auf dem Teig verteilen.

8. Den Hackfleisch-Gemüse-Kuchen im heißen Ofen (Mitte, Gas Stufe 3) in etwa 35 Minuten backen, bis er appetitlich gebräunt ist.

Tip!

Wenn es einmal schneller gehen soll, nehmen Sie für die Quiche 450 g tiefgefrorenen Hefeteig. Die Platten nebeneinanderlegen, etwa 15 Minuten auftauen lassen, dann ausrollen und das eingeölte Blech damit auskleiden.
Wer möchte, kann einen Teil der Milch bei der Hackfleisch-Gemüse-Mischung durch trockenen Weißwein ersetzen.

Variante:
Sehr gut schmeckt diese Quiche auch, wenn Sie statt dem Rinderhackfleisch gehacktes Lammfleisch verwenden, das Sie mit Kreuzkümmel und Koriander abschmecken.

Zwiebelkuchen

Die drei verschiedenen Zwiebelsorten sorgen für einen besonders pikanten Geschmack.

Zutaten für 6–8 Personen:
500 g Zwiebeln
250 g rote Zwiebeln
2 Bund Frühlingszwiebeln
75 g durchwachsener Räucherspeck
1/2 Eßl. Butterschmalz
150 g Schichtkäse
Salz
5 Eßl. Sonnenblumenöl
4 Eier
4 Eßl. Milch
300 g Mehl
2 gehäufte Teel. Backpulver
200 g saure Sahne
weißer Pfeffer, frisch gemahlen
Für das Backblech: Öl

Preiswert

Bei 8 Personen pro Portion etwa:
1700 kJ/400 kcal
11 g Eiweiß · 22 g Fett
38 g Kohlenhydrate

- Zubereitungszeit: etwa 1 1/2 Stunden

1. Für den Belag die Zwiebeln schälen und fein hacken. Die Frühlingszwiebeln putzen, waschen und mit dem zarten Grün in feine Ringe schneiden. Den Speck fein würfeln.

2. Das Butterschmalz erhitzen. Den Speck darin braten, bis er knusprig ist. Die Zwiebeln hinzufügen und unter gelegentlichem Rühren etwa 5 Minuten braten, dann abkühlen lassen.

3. Für den Teig den Schichtkäse mit 1 kräftigen Prise Salz, dem Öl, 1 Ei und der Milch gründlich verrühren. Das Mehl mit dem Backpulver vermischen. Die Hälfte davon unter den Teig rühren, den Rest unterkneten. Ein Backblech mit Öl ausstreichen. Den Teig auf dem Blech verteilen, dabei einen kleinen Rand formen. Den Backofen auf 200° vorheizen.

4. Die Zwiebelmischung auf dem Teig verteilen. Die saure Sahne mit den restlichen Eiern verrühren, mit Salz und Pfeffer abschmecken und darüber gießen. Den Zwiebelkuchen im heißen Ofen (Mitte, Gas Stufe 3) in etwa 30 Minuten backen, bis er appetitlich gebräunt ist.

Schneller Gemüsekuchen

Zutaten für 8 Personen:
3 Platten tiefgefrorener Hefeteig
2 Pakete tiefgefrorenes Suppengemüse (je 450 g)
1 Dose geschälte Tomaten (400 g)
300 g Sahne
4 Eier
200 g Emmentaler, frisch gerieben
Salz
weißer Pfeffer, frisch gemahlen
1 Teel. edelsüßes Paprikapulver
Für das Backblech: Öl
Für die Arbeitsfläche: Mehl

Gelingt leicht

Pro Portion etwa:
1800 kJ/430 kcal
17 g Eiweiß · 26 g Fett
33 g Kohlenhydrate

- Zubereitungszeit: etwa 1 Stunde

1. Die Teigplatten nebeneinanderlegen und in etwa 15 Minuten auftauen lassen. Das Gemüse in eine Schüssel geben und etwa 10 Minuten antauen lassen.

2. Die Tomaten in einem Sieb abtropfen lassen, dann würfeln. Die Sahne mit den Eiern und dem Käse verquirlen und mit Salz, Pfeffer und dem Paprikapulver abschmecken. Den Backofen auf 200° vorheizen. Ein Backblech sorgfältig mit Öl ausstreichen.

3. Die Teigplatten aufeinanderlegen und auf wenig Mehl in Größe des Backblechs ausrollen. Den Teig auf dem Blech verteilen. Das Gemüse mit den Tomaten mischen, salzen und auf dem Teig verteilen. Die Eiersahne darüber gießen.

4. Den Gemüsekuchen im heißen Ofen (Mitte, Gas Stufe 3) in etwa 40 Minuten backen, bis er gebräunt ist.

Im Bild vorne: Schneller Gemüsekuchen
Im Bild hinten: Zwiebelkuchen

Roggenkuchen mit Sauerkraut

Wenn Sie zum Garen des Sauerkrauts keinen Cidre zur Verfügung haben, können Sie auch Weißwein oder einfach Wasser, eventuell gemischt mit naturtrüben Apfelsaft, nehmen.

Zutaten für 6–8 Personen:
250 g Roggenvollkornmehl
250 g Weizenmehl
Salz
40 g Hefe
1 Prise Zucker
250 g Joghurt
1 Eßl. Weißweinessig
750 g Sauerkraut
1 großer säuerlicher Apfel (zum
Beispiel Boskop)
3 Scheiben durchwachsener
Räucherspeck (etwa 75 g)
1 Zwiebel
1 Eßl. Butterschmalz
1/4 l Cidre
1 Teel. Kümmel
weißer Pfeffer, frisch gemahlen
150 g Crème fraîche
2 Eier
Für das Backblech: Öl
Für die Arbeitsfläche: Mehl

Preiswert

Bei 8 Personen pro Portion etwa:
1700 kJ/400 kcal
11 g Eiweiß · 17 g Fett
54 g Kohlenhydrate

- Zubereitungszeit: etwa 2 Stunden

1. Für den Teig die beiden Mehlsorten mit 1 Prise Salz in einer Schüssel mischen und in die Mitte eine Mulde drücken. Die Hefe in die Mulde bröckeln und mit dem Zucker und etwa 3 Eßlöffeln lauwarmem Wasser anrühren. Zugedeckt bei Zimmertemperatur etwa 15 Minuten gehen lassen.

2. Den Joghurt lauwarm erwärmen. Mit 100 ml lauwarmem Wasser und dem Essig zum Mehl geben und alles etwa 5 Minuten lang kräftig verkneten. Den Teig bei Zimmertemperatur zugedeckt etwa 1 Stunde gehen lassen, bis sich sein Volumen etwa verdoppelt hat.

3. Inzwischen das Sauerkraut mit zwei Gabeln lockern. Den Apfel schälen, vierteln, vom Kerngehäuse befreien und in Schnitze schneiden. Den Speck von Knorpeln und der Schwarte befreien und in Würfel schneiden. Die Zwiebel schälen und fein hacken.

4. Das Butterschmalz in einem Topf erhitzen. Den Speck und die Zwiebel darin unter Rühren anbraten, bis sie glasig sind. Das Sauerkraut und die Apfelschnitze hinzufügen und kurz mitbraten. Den Cidre angießen. Das Sauerkraut mit dem Kümmel, Salz und Pfeffer würzen und zugedeckt bei mittlerer Hitze etwa 30 Minuten garen, bis es bißfest ist.

5. Die Crème fraîche mit den Eiern verrühren. Ein Backblech mit Öl bestreichen. Den Backofen auf 220° vorheizen.

6. Den Teig noch einmal durchkneten, dann auf wenig Mehl in Größe des Backblechs ausrollen. Das Blech mit dem Teig auskleiden, dabei die Ränder etwas dicker formen.

7. Das Sauerkraut, wenn nötig, abtropfen lassen, dann auf dem Teig verteilen. Die Crème fraîche darüber gießen. Den Kuchen im heißen Ofen (Mitte, Gas Stufe 4) in etwa 30 Minuten backen, bis er gebräunt ist.

Sauerkraut einmal ganz anders: als Belag auf einem knusprigen Roggenkuchen.

Käsequiche mit Walnüssen

Zutaten für 8 Personen:
250 g Butter
500 g Vollkornmehl
Salz
1 Bund Frühlingszwiebeln
einige frische Salbeiblätter
100 g Walnußkerne
200 g Greyerzer
200 g Emmentaler
100 g Gorgonzola
4 Eier
250 g Sahne
200 g saure Sahne
weißer Pfeffer, frisch gemahlen
Cayennepfeffer
Für die Arbeitsfläche: Mehl

Gelingt leicht

Pro Portion etwa:
4200 kJ/1000 kcal
28 g Eiweiß · 74 g Fett
54 g Kohlenhydrate

- Zubereitungszeit: etwa 1 3/4 Stunden

1. Die Butter mit dem Mehl, 2 Teelöffeln Salz und etwa 100 ml kaltem Wasser zu einem glatten Teig verkneten. Den Teig zu einer Kugel formen und zugedeckt etwa 1 Stunde kühl stellen.

2. Die Frühlingszwiebeln putzen, waschen und mit dem zarten Grün in feine Ringe schneiden. Den Salbei waschen und in feine Streifen schneiden. Die Walnußkerne grob hacken. Den Greyerzer und den Emmentaler fein reiben. Den Gorgonzola klein würfeln.

3. Die Eier trennen. Die Eigelbe mit der Sahne und der sauren Sahne verrühren. Den Emmentaler, den Greyerzer, die Nüsse, den Salbei und die Zwiebeln untermischen. Die Eiweiße steif schlagen und unterheben. Die Mischung mit Salz, Pfeffer und Cayennepfeffer abschmecken.

4. Den Teig noch einmal durchkneten, dann auf wenig Mehl in Größe des Backblechs ausrollen. Das Backblech mit dem Teig belegen, dabei die Ränder etwas dicker formen.

5. Den Backofen auf 200° vorheizen. Die Käsecreme auf dem Teig verteilen und mit den Gorgonzolawürfeln belegen. Die Quiche im heißen Ofen (Mitte, Gas Stufe 3) in etwa 35 Minuten backen, bis der Käse gebräunt ist.

Roquefortkuchen

Zutaten für 8 Personen:
8 Platten tiefgefrorener Blätterteig
400 g Roquefort
300 g Sahne
3 Eier
weißer Pfeffer, frisch gemahlen
1 Teel. Kreuzkümmel, gemahlen
Für die Arbeitsfläche: Mehl

Schnell • Gelingt leicht

Pro Portion etwa:
2600 kJ/620 kcal
17 g Eiweiß · 48 g Fett
26 g Kohlenhydrate

- Zubereitungszeit: etwa 50 Minuten

1. Die Blätterteigplatten nebeneinanderlegen und bei Zimmertemperatur in etwa 15 Minuten auftauen lassen.

2. Inzwischen den Roquefort mit einer Gabel fein zerdrücken. Mit der Sahne und den Eiern verrühren und mit reichlich Pfeffer und dem Kreuzkümmel abschmecken.

3. Die Blätterteigplatten aufeinanderlegen und auf wenig Mehl in Größe des Backblechs ausrollen.

4. Den Backofen auf 180° vorheizen. Das Backblech mit kaltem Wasser abspülen und nicht abtrocknen.

5. Den Teig auf dem feuchten Backblech verteilen, dabei die Ränder etwas dicker formen. Die Roquefortcreme gleichmäßig auf dem Teig verstreichen. Den Kuchen im heißen Ofen (unten, Gas Stufe 2) in etwa 30 Minuten backen, bis die Oberfläche gebräunt ist.

Im Bild vorne: Roquefortkuchen
Im Bild hinten: Käsequiche mit Walnüssen

Spinatkuchen mit Teiggitter

In Italien wird Spinatkuchen traditionell zu Ostern serviert. Dafür werden in die Spinatmasse mit einem Löffel Mulden gedrückt, in die jeweils vor dem Backen 1 rohes Ei aufgeschlagen wird.

Zutaten für 8 Personen:
500 g Mehl
Salz
2 Eßl. Olivenöl
500 g Spinat
250 g gemischte Kräuter (zum Beispiel Basilikum, Petersilie, Minze, Thymian und Borretsch; ersatzweise mehr Spinat)
1 Zwiebel
1–2 Knoblauchzehen
100 ml Milch
3 Eier
500 g Ricotta
100 g Parmesan, frisch gerieben
weißer Pfeffer, frisch gemahlen
1 Eigelb
Für die Arbeitsfläche: Mehl
Für das Backblech: Öl

Für Gäste

Pro Portion etwa:
1900 kJ/450 kcal
20 g Eiweiß · 18 g Fett
51 g Kohlenhydrate

- Zubereitungszeit: etwa 2 1/2 Stunden

1. Das Mehl mit 1 Teelöffel Salz, dem Olivenöl und etwa 1/4 l lauwarmem Wasser zu einem glatten geschmeidigen Teig verkneten. Sollte er zu fest sein, noch etwas Wasser unterarbeiten. Ist er zu weich und bleibt an den Fingern kleben, noch etwas Mehl hinzufügen. Den Teig zu einer Kugel formen, mit einem feuchten Küchentuch bedecken und ruhen lassen, bis die übrigen Zutaten vorbereitet sind.

2. Den Spinat verlesen und von den groben Stielen befreien. Mehrmals in stehendem kaltem Wasser waschen, gründlich abtropfen lassen und sehr fein hacken. Die Kräuter waschen, trockenschwenken, die Blättchen von den Stengeln zupfen und ebenfalls sehr fein zerschneiden. Die Zwiebel und den Knoblauch schälen und fein hacken.

3. Von der Milch 2 Eßlöffel beiseite stellen. Mit der übrigen Milch und den Eiern den Ricotta glattrühren. Den Knoblauch, die Zwiebel, die Kräuter, den Spinat und den Parmesan untermischen. Die Masse mit Salz und Pfeffer pikant abschmecken.

4. Ein Viertel des Teiges abnehmen. Den restlichen Teig noch einmal durchkneten und auf wenig Mehl in Größe des Backblechs ausrollen. Das Backblech mit Öl bepinseln und mit dem Teig auskleiden, dabei die Ränder etwas dicker formen. Den restlichen Teig auf Mehl dünn ausrollen und in etwa 1 cm breite Streifen schneiden.

5. Den Backofen auf 200° vorheizen. Die Spinatmasse auf den Teig geben und mit einem Teigschaber gleichmäßig verstreichen. Die Teigstreifen als Gitter darüber legen. Das Eigelb mit der Milch verrühren und die Teigstreifen damit bepinseln.

6. Den Spinatkuchen im heißen Ofen (Mitte, Gas Stufe 3) in etwa 35 Minuten backen, bis er gebräunt ist. Am besten lauwarm servieren.

Die gemischten Kräuter verleihen dem Spinatkuchen ein besonders zartes Aroma.

Flamkuchen

Zutaten für 6 Personen:
300 g Mehl
20 g Hefe
1 Prise Zucker
90 ml lauwarme Milch
Salz
5 Scheiben durchwachsener
Räucherspeck (etwa 100 g)
1 Zwiebel
250 g Crème fraîche
weißer Pfeffer, frisch gemahlen
Für die Arbeitsfläche: Mehl
Für das Backblech: Fett

Spezialität aus dem Elsaß

Pro Portion etwa:
2300 kJ/550 kcal
8 g Eiweiß · 37 g Fett
43 g Kohlenhydrate

- Zubereitungszeit: etwa 2 Stunden

1. Für den Teig das Mehl in eine Schüssel sieben. In die Mitte eine Mulde drücken. Die Hefe in die Mulde bröckeln und mit dem Zucker und etwa 3 Eßlöffeln lauwarmem Wasser anrühren. Zugedeckt bei Zimmertemperatur etwa 15 Minuten gehen lassen.

2. Etwa 3 Eßlöffel lauwarmes Wasser, die Milch und 1 Prise Salz dazugeben und alles etwa 5 Minuten kräftig verkneten. Den Teig bei Zimmertemperatur zugedeckt etwa 1 Stunde gehen lassen, bis sich sein Volumen etwa verdoppelt hat.

3. Den Speck fein würfeln. Die Zwiebel schälen und in feine Scheiben schneiden. Den Speck unter Rühren braten, bis er glasig ist. Die Zwiebel hinzufügen und ebenfalls glasig braten.

4. Den Teig noch einmal durchkneten. Auf wenig Mehl in Größe des Backblechs ausrollen. Den Backofen auf 220° vorheizen.

5. Das Backblech fetten. Mit dem Teig das Blech auskleiden. Den Speck und die Zwiebel mit der Crème fraîche mischen, mit Salz und Pfeffer abschmecken und auf dem Teig verstreichen. Den Kuchen im heißen Ofen (Mitte, Gas Stufe 4) in etwa 20 Minuten backen, bis er leicht gebräunt ist. Heiß servieren.

Räucherfisch-quiche

Zutaten für 8 Personen:
250 g Butter
500 g Mehl
Salz
4 Eßl. Joghurt
600 g junge Möhren
2 Stangen Lauch
1 Bund Petersilie
1 Bund Schnittlauch
500 g geräuchertes Forellenfilet
2 Eßl. Zitronensaft
5 Eier
300 g Sahne
100 g Bergkäse, frisch gerieben
weißer Pfeffer, frisch gemahlen

Gelingt leicht

Pro Portion etwa:
3200 kJ/760 kcal
14 g Eiweiß · 46 g Fett
55 g Kohlenhydrate

- Zubereitungszeit: etwa 2 Stunden

1. Die Butter mit dem Mehl, 1 kräftigen Prise Salz und dem Joghurt zu einem glatten Teig verkneten. Den Teig zu einer Kugel formen und zugedeckt etwa 1 Stunde kühl stellen.

2. Die Möhren schälen, putzen und fein raspeln. Den Lauch putzen, waschen und in feine Ringe schneiden. Die Petersilie und den Schnittlauch waschen und fein hacken. Den Räucherfisch mit zwei Gabeln zerpflücken. Alle diese Zutaten mischen und den Zitronensaft unterrühren.

3. Die Eier trennen. Die Eigelbe mit der Sahne und dem Käse verrühren und mit der Gemüse-Fisch-Masse mischen.

4. Den Backofen auf 200° vorheizen. Den Teig noch einmal durchkneten, dann ein Backblech damit auskleiden.

5. Die Eiweiße mit 1 Prise Salz steif schlagen und unter die Gemüse-Fisch-Masse heben. Alles mit Salz und Pfeffer abschmecken und auf dem Teig verteilen. Die Quiche im Ofen (Mitte, Gas Stufe 3) in etwa 35 Minuten backen.

Im Bild vorne: Räucherfischquiche
Im Bild hinten: Flamkuchen

REZEPT- UND SACHREGISTER

Zum Gebrauch

Damit Sie Rezepte mit bestimmten Zutaten noch schneller finden können, stehen in diesem Register zusätzlich auch beliebte Zutaten wie Blätterteig und Mozzarella – ebenfalls alphabetisch geordnet und halbfett gedruckt – über den entsprechenden Rezepten.

IMPRESSUM

Umschlag-Vorderseite:
Das Rezept für den Lauchkuchen finden Sie auf
Seite 38.

1. Auflage 1994

Redaktion: Constanze Hub
Layout: Ludwig Kaiser
Typografie: Robert Gigler
Herstellung: Peter Pleischl
Fotos: Odette Teubner, Dorothee Gödert
Umschlaggestaltung: Heinz Kraxenberger
Satz: Computersatz Wirth, Regensburg
Reproduktion: Lana Repro
Druck: Kaufmann, Lahr
Bindung: Kaufmann, Lahr

ISBN: 3-77-42-1742-4

Cornelia Schinharl
lebt in der Nähe von München und studierte zuerst Sprachen, bevor sie sich dem Bereich Ernährung zuwandte. Ihr Interesse für kulinarische Themen war schon immer groß. Nach der fundierten Ausbildung bei einer bekannten Food-Journalistin und einem Praktikum bei einem großen Hamburger Verlag machte sie sich 1985 als Redakteurin und Autorin selbständig. Seither sind zahlreiche Kochbücher von ihr erschienen.

Odette Teubner
wurde durch ihren Vater, den international bekannten Food-Fotografen Christian Teubner, ausgebildet. Heute arbeitet sie ausschließlich im Studio für Lebensmittelfotografie Teubner. In ihrer Freizeit ist sie begeisterte Kinderporträtistin – mit dem Sohn als Modell.

Dorothee Gödert
arbeitete nach ihrer Ausbildung zur Fotografin zunächst im Bereich Stillife- und Interieur-Fotografie. Nach einem Aufenthalt in Princeton/USA spezialisierte sie sich auf Food-Fotografie und arbeitete mit namhaften Food-Fotografen zusammen. Seit 1988 fotografiert sie im Fotostudio Teubner.